Wirtschaftswunder

Johannes Rehm

WIRTSCHAFTS-
WUNDER

52 Lichtblicke für den Arbeitsalltag

Mit Fotografien von Wolfgang Noack

Bibliografische Information der Deutschen Nationalbibliothek:
Die Deutsche Nationalbibliothek verzeichnet diese Publikation in der
Deutschen Nationalbibliografie; detaillierte bibliografische Daten sind
im Internet über http://dnb.d-nb.de abrufbar.

© 2021 by edition chrismon in der Evangelischen Verlagsanstalt GmbH ·
Leipzig
Printed in EU

Das Buch wurde auf alterungsbeständigem Papier gedruckt.

Gesamtgestaltung: makena plangrafik, Leipzig
Druck und Bindung: GRASPO CZ a. s., Zlín

ISBN 978-3-96038-275-1
www.eva-leipzig.de

Geleitwort

Der vorliegende Band von Johannes Rehm mit 52 biblischen „Montagsmeditationen" lädt unter dem Titel „Wirtschaftswunder" dazu ein, Christsein und Gottesdienst im (Arbeits-)Alltag zu leben und zu er-leben.

Den Arbeitsalltag als Gottesdienst zu verstehen – das liegt Menschen, die in der Diakonie arbeiten, besonders nahe. Als sich im Jahr 2019 das Evangelisch-Lutherische Diakoniewerk Neuendettelsau KdöR und das Evangelische Diakoniewerk Schwäbisch Hall e. V. zum größten diakonischen Unternehmen in Süddeutschland, der Diakoneo KdöR, zusammenschlossen, kamen zwei Organisationen zusammen, die beide eine lange und vielfältige liturgisch-spirituelle Tradition haben: von den Tagzeitengebeten der Diakonissen, die in den Mutterhäusern in Neuendettelsau und Schwäbisch Hall seit dem 19. Jahrhundert bis heute eine strukturierende und orientierende Rolle spielen, über zahlreiche Andachten und Gottesdienste mit Mitarbeitenden, Patienten, Bewohnern, Klienten, Senioren, Kindern, Jugendlichen und jungen Erwachsenen, die in den inzwischen über 200 diakonischen Einrichtungen tagtäglich gefeiert wurden und werden, bis hin zu besonderen Formen von Gottesdiensten – der Deutschen Messe zum Beispiel, die auf Wilhelm Löhe zurückgehend bis heute in Neuendettelsau gefeiert wird – oder digitalen Formaten, die insbesondere während der Corona-Pandemie eingeführt wurden. Neben diesen liturgischen Formen hat es in der Diakonie eine besondere Tradition, die diakonische Arbeit, die praktizierte Nächstenliebe als Gottesdienst zu begreifen. Dieser „Gottesdienst im Alltag" ist eine andere Form der Erfahrung, dass wir als Mitarbeitende in der Diakonie „Gott dienen", indem wir den Menschen „dienen" und immer wieder die Erfahrung machen, dass dieser „Dienst" unser Leben nicht ärmer, sondern reicher macht. Denn auch der „Gottesdienst im (Arbeits-)Alltag" ist keine Einbahnstraße, weil er mit der Hoffnung und auch der Erfahrung verbunden ist, dass in diesem „Gottesdienst" Gott auch uns Menschen „dient". Zu beachten dabei ist, dass das Verständnis des „Dienens" in der Diakonie im 21. Jahrhundert anders ausgeprägt ist als noch im 19. Jahrhundert. Heute verbinden sich selbstverständlich hohe Wertschätzung des „Dienenden", Professionalität und Fachkompetenz, geregeltes Arbeitsrecht und gerechte Entlohnung mit dem Dienst. Das nimmt der spirituellen Deutung des Arbeitsalltags aber nichts weg – im Gegenteil.

Johannes Rehm zieht den Rahmen mit seinen Meditationen aber noch weiter – vom Alltag der Sozialwirtschaft hin zu jeglichem Wirtschaften. Er befindet sich da in gut lutherischer Tradition, war für Martin Luther doch jegliche „berufliche" Tätigkeit Gottesdienst. In diesem Meditationsbuch wird darum das Bedürfnis vieler Menschen aufgenommen, ihre christliche Grundüberzeugung im Alltag zu leben und ihre berufliche Tätigkeit mit ihrem Glauben zu verbinden. Dieses Bedürfnis ist verbreiteter als die durch die Coronakrise noch leerer gewordenen Kirchen und die hohen Kirchenaustrittszahlen glauben machen wollen. Ich halte es für wichtig, dass Kirche und Diakonie nach neuen Formen suchen und neue Möglichkeiten anbieten, die die spirituellen Bedürfnisse vieler Menschen aufnehmen und auf sie antworten. Dieses Buch ist ein Beitrag zu dieser Suche.

Ich danke Johannes Rehm, dass er diesen Meditationsband in Kooperation mit der Diakoneo KdöR verfasst hat, und ich danke Wolfgang Noack, dass er dafür seine Bilder zur Verfügung gestellt hat. Allen Leserinnen und Lesern wünsche ich gute Gedanken und Impulse beim Lesen der 52 „Montagsmeditationen" und beim Entdecken und Erleben ihres Gottesdienstes im Alltag.

Dr. Mathias Hartmann
Vorstandsvorsitzender Diakoneo KdöR

Inhalt

Werktagsgottesdienst – Hinführung

Ich ermahne euch nun, Brüder und Schwestern, durch die Barmherzigkeit Gottes, dass ihr euren Leib hingebt als ein Opfer, das lebendig, heilig und wohlgefällig sei. Das sei euer vernünftiger Gottesdienst. – Röm 12,1

Der Gottesdienst ist für mich persönlich der zentrale und unverzichtbare Ausdruck meines Glaubens schlechthin. Gottesdienste begleiten und markieren stets lebensentscheidende Wendepunkte meines eigenen Lebens – Taufe, Konfirmation, Ordination, Eheschließung, Beerdigungen naher Angehöriger, Installationen. Auch Gottesdienste an den verschiedensten Orten, in den unterschiedlichsten Gemeinden, in fernen Ländern, in verschiedenen Konfessionen prägten nachhaltig meinen Glaubensweg. Mein Leben ist ein Leben mit Gottesdiensten und für den Gottesdienst. Der Gottesdienst hat für mich als Christ seine natürliche und selbstverständliche Zeit: Ein Sonntagmorgen ohne Gottesdienst ist kein Sonntag. Der Sonntagsgottesdienst mit seinen Liedern, Lesungen und Gebeten aber ist mir eine irdische Vorwegnahme der Auferstehung und häufig ein gelungener Start in eine neue Arbeitswoche. Was bedeutet mir also zusammenfassend der Gottesdienst? Ich kann es gar nicht umfassend genug zum Ausdruck bringen. Jedenfalls bedeutet er mir unendlich viel und ist vielleicht so etwas wie meine geistliche Heimat, weil ich in den vielen Gottesdiensten meines Lebens Glauben lernen und Gemeinschaft erfahren durfte. Gerne gebe ich zu, dass für mich der Gottesdienst zu allererst ein geistiger und geistlicher Vorgang ist: In Gemeinschaft mit anderen Christenmenschen singe, bete und höre ich auf Gottes Wort. Im Gottesdienst bekenne ich mit anderen meinen Glauben und empfange Gottes Segen.

In meinem Lobpreis auf den liturgischen Gottesdienst kommt mir nun der Apostel Paulus massiv in die Quere. Der Gottesdienst ist nach Paulus kein vornehmlich geistiger und geistlicher Vorgang. Der vernünftige Gottesdienst, von dem Paulus spricht, ist ein zutiefst irdisches und leibliches Geschehen, das sich nicht auf den Sonntagvormittag beschränken lässt. Auch das liturgische Geschehen ist bekanntlich ein leiblicher Ausdruck des Glaubens, dem wir im Gottesdienst eine Stimme geben und in dem wir der Glaubenstradition unser Ohr leihen. Hingabe des Glaubens scheint mir aber noch viel mehr zu beinhalten und unser gesamtes Leben mit all unserem Tun und Lassen mit einzuschließen. Findet nicht im vernünftigen Gottesdienst, den Paulus anmahnt, der Sonntagsgottesdienst seine konsequente und organische Fortsetzung? Insofern unterbricht der Sonntagsgottesdienst nicht nur den Alltag, sondern ermöglicht vielmehr einen fließenden Übergang vom Sonntag zum Werktag. Indem wir also im Alltag dieser Welt mit unseren Händen unsere Arbeit in Angriff nehmen, indem wir uns geistig, geistlich,

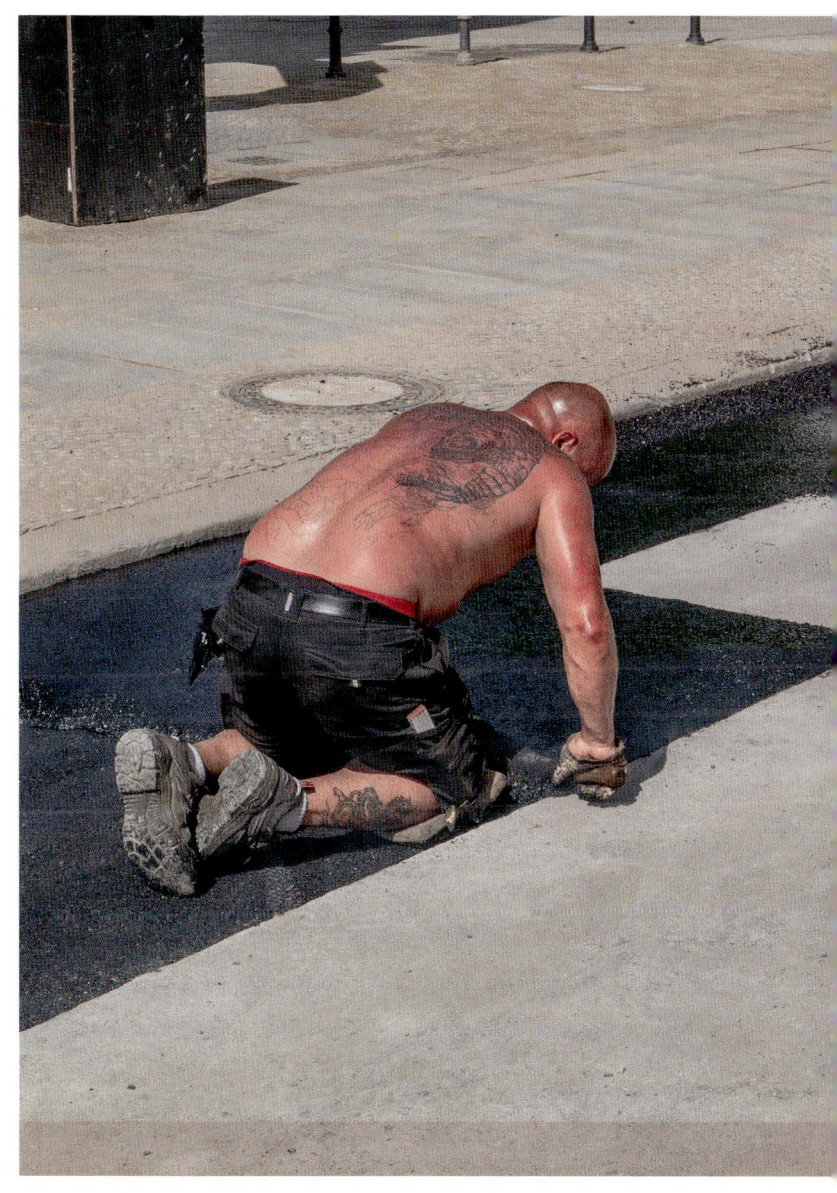

leiblich, eben mit unserer ganzen Person hineinbegeben in die Aufgaben und Herausforderungen, die sich uns Tag für Tag stellen, feiern wir den vernünftigen Gottesdienst im Sinne von Paulus. Dies ist das Opfer, das Gott wohlgefällig ist im Gegensatz zu allen möglichen veralteten religiösen Opferpraktiken. Und unsere Arbeit, unser Einsatz ist wirklich ein Opfer, da wir dabei unsere begrenzte Lebenszeit verbrauchen und unsere körperlichen wie seelischen Kräfte verschleißen. Paulus hebt einen Gegensatz von Sonntag und Werktag im Sinne von Freizeit und Arbeitszeit auf zugunsten einer umfassenden Beanspruchung eines Christenmenschen durch die Barmherzigkeit Gottes, die im liturgischen Gottesdienst gepriesen wird und im vernünftigen Alltagsgottesdienst durch uns lebenspraktisch Gestalt gewinnen will.

Herr unser Gott, Schöpfer der Welt,

wir danken dir, dass wir in unseren

Sonntagsgottesdiensten immer wieder neu

deine Barmherzigkeit zugesprochen bekommen.

Wir bitten dich, dass wir es immer wieder

neu lernen, aus deiner Barmherzigkeit heraus

die Aufgaben unseres Alltags

in Angriff zu nehmen.

Wir loben dich, dreieiniger Gott, für die Gemeinschaft,

die du im Namen Jesu Christi

durch das Wirken des Heiligen Geistes

unter uns stiftest.

Amen

Gebrauchsanweisung

Dein Wort ist meines Fußes Leuchte und
ein Licht auf meinem Wege. — Ps 119,105

Die biblischen Betrachtungen dieses Buches wollen
eine veränderte Wahrnehmung befördern. In ihnen
wird die Arbeitswelt als Gottes Schöpfung, arbeitende
Menschen als in Jesus Christus Versöhnte und Arbeitsplätze als Kraftfelder des Heiligen Geistes verstanden.
Eine lebensdienliche Wirtschaft und eine menschen-
gerechte Arbeit können wir Menschen offensichtlich
nicht aus uns selbst schaffen, deshalb münden die
Betrachtungen jeweils in ein Gebet, das dem wechselseitigen Bezug von Arbeit und Gebet in Dank, Bitte
und Lob als dem Grundakkord christlicher Glaubenspraxis Ausdruck verleihen. Liturgie lebt von der Wiederholung, was auch für eine Alltagsliturgie gilt. Sie
weist hin auf den Wechsel von Morgen und Abend,
von Zeit und Ewigkeit.

Die 52 Betrachtungen sind als Worte zum Montag
gedacht und wollen die Arbeits- bzw. Kalenderwoche
mit einer neuen Perspektive des Glaubens eröffnen.
Sie mögen Lichtblicke werden! Die Betrachtungen
sind unvollständig und darauf angelegt, die Leser und
Leserinnen zu weiteren Gedanken anzuregen. Die bei-
gefügten Bilder laden noch einmal auf andere Weise

zum Verweilen ein. Sie unterstreichen den Weltbezug des Evangeliums und veranschaulichen Reichtum und Schönheit der Schöpfung.

Gottesdienst im Alltag der Welt bedarf der Gemeinde, die im Arbeitsleben nicht von vorneherein gegeben ist. Aber wenn ich schon einmal bei mir und mit mir anfange und aus meinem Herzen keine Mördergrube mache, dann kommen zwei oder drei oder auch mehr noch hinzu …

Das vorliegende Buch verdankt sich dem sehr konkreten Erfahrungshintergrund meines eigenen Arbeitsalltags als Leiter des Kirchlichen Dienstes in der Arbeitswelt der Evangelisch-Lutherischen Kirche in Bayern. Die Wahrnehmung dieser Stelle beinhaltet neben theologisch-inhaltlichen und pastoralen Aufgaben auch das „weltliche Geschäft" der Personalführung für 33 Mitarbeitende, der Immobilienverwaltung für mehrere Regionalstellen und nicht zuletzt der Haushaltsverantwortung. Der kda ist die landeskirchliche Facheinrichtung für Arbeit, Wirtschaft und die damit zusammenhängenden sozialen Fragen. Je länger desto mehr wächst in mir die Überzeugung, dass die Praxis und die Weitergabe einer weltzugewandten Frömmigkeit der Arbeit die zentrale Zukunftsaufgabe dieses traditionsreichen kirchlichen Arbeitsbereichs und seiner Mitarbeitenden bildet.

Mit diesem Buch knüpfe ich an einige frühere Veröffentlichungen an und führe sie in lebenspraktischer Hinsicht fort.

Vor Dienstantritt

Auf dem morgendlichen Weg zu meinem Arbeitsplatz, unterwegs in der Straßenbahn oder in der U-Bahn, lese ich gewöhnlich die Tageszeitung und mache mir darüber hinaus regelmäßig grundsätzliche Gedanken: Wie kann es gelingen, dass der Segen, den ich im Sonntagsgottesdienst empfangen habe, für meine Kollegen und meine Mitarbeitenden spürbar wird? Wie gehe ich mit meiner Arbeitszeit verantwortlich um? Welchen Menschen und welchen Aufgaben widme ich wie viel meiner Zeit? Wie ist der Umgang mit den mir anvertrauten finanziellen Ressourcen verantwortungsbewusst zu gestalten? Dabei habe ich inzwischen die Erfahrung gemacht, dass es auf diese Fragen keine Patentantworten gibt, sondern es dieses täglichen Reflexions- und Abwägungsprozesses bedarf.

Glücklicherweise darf ich in einem beruflichen Umfeld arbeiten, in dem sich andere ähnliche Fragen stellen. Es bereichert mich stets, dass ich mich mit meinen Mitarbeitenden austauschen kann. Denn mein persönliches Nachdenken über meine eigene Arbeitspraxis ist eingebettet in einen sehr viel größeren Zusammenhang. Was bedeutet es denn grundsätzlich als Christ zu arbeiten und zu wirtschaften? Diese Frage ist mir äußerst wichtig, weil von ihrer Beantwortung die Glaubwürdigkeit der Kirchen und die Lebensrelevanz des christlichen Glaubens abhängt. Ich stelle mir und

anderen diese Fragen in einer Zeit, in der unsere Form des Wirtschaftens zu einer lebensgefährlichen ökologischen Krise, zu einem Nord-Süd-Gefälle in der Versorgung mit lebensnotwendigen Gütern sowie zu einem Armutsproblem in unserem eigenen Land geführt hat.

Die Kirchen mahnten und prangerten mit zahllosen Appellen, Denkschriften und Enzykliken über die Jahre immer wieder die Gefährlichkeit unseres Wirtschaftssystems und rücksichtslos wettbewerbsorientierter Praktiken an. Leider führten diese vielfältigen gut gemeinten öffentlichen Ratschläge bei der Wirtschaft nicht im wünschenswerten Umfang zu einer veränderten und erneuerten, ethisch reflektierten Praxis. Vielleicht war diesen politisch notwendigen Äußerungen von Kirchenvertretern auch deshalb nur eine begrenzte Wirkung beschieden, weil sie vorrangig auf die Einsicht und Vernunft von Menschen, also von Marktteilnehmern abzielten. Möglicherweise beförderten sie das Missverständnis, es würden sich Kirchenvertreter von vorneherein zu den „Guten" rechnen und sich mit ihren Weisungen über die „Bösen" in der Wirtschaft erheben.

Offensichtlich bedarf es aber einer Umkehr von uns allen, ich schließe mich da selbst unbedingt und ausdrücklich mit ein, die unsere gesamte Person mit Herz, Verstand, also uns in unserer Leiblichkeit mitnimmt, eine Umkehr, die uns so tief erfasst und prägt, dass sich unsere Füße wie von selbst auf unseren Nächsten zu bewegen und unsere Hände ganz selbstverständlich dort mit zupacken, wo unsere Hilfe gefordert ist. Mit Umkehr meine ich ein in den tiefsten Schichten unseres Personseins vom Evangelium von Jesus Christus Ergriffen- und Angerührtsein. Damit rede ich auch von dem, was manche Spiritualität nennen. Ich selbst bevorzuge eigentlich das alte deutsche Wort Frömmigkeit, weil es handfester und nicht so vergeistigt-esoterisch klingt. Mir geht es dabei um eine welt- und menschenzugewandte Haltung, die sich nicht in ethischen Appellen erschöpft oder an eine weltabgewandte Innerlichkeit verliert.

Gerne möchte ich meine eigenen Gedanken über eine solche weltliche und damit natürlich zutiefst politische Frömmigkeit mit anderen teilen. Ich erzähle von mir und meinen Überlegungen in der Hoffnung, dass sie bei anderen ein eigenes Nachdenken über diese grundlegenden Fragen christlichen Glaubens und verantwortlicher Lebenspraxis auslösen. Im Folgenden benenne ich Themen und Herausforderungen und hoffe, dass sie zum Gelingen eines Arbeitstages helfen.

1

Wirtschaft

Wenn der Herr nicht das Haus baut, so arbeiten umsonst, die daran bauen. – Ps 127,1

Wovon reden wir eigentlich, wenn wir den Begriff „Wirtschaft" in den Mund nehmen? Jede etwas bessere Zeitung verfügt über einen Wirtschaftsteil. Und in politischen Zusammenhängen ist häufig davon die Rede, dass eine bestimmte Entscheidung oder Maßnahme gut oder schlecht sei für die „Wirtschaft". Vielfach wird von der Wirtschaft so geredet, als würde es sich um einen fest umrissenen abgegrenzten Lebensbereich handeln. Aus meiner Sicht ist ein solcher sektoraler Begriff von „Wirtschaft" irreführend.

Denn wir sind letztlich alle die „Wirtschaft". Jede und jeder, der oder die ein Einkommen oder eine Rente bezieht, über ein Sparbuch verfügt und damit Käufe tätigt, ist ein „Wirtschaftsbürger" oder eine „Wirtschaftsbürgerin". Durch jeden Euro, den wir verdienen und wieder ausgeben, sind wir hineingenommen in den Wirtschaftskreislauf und sind Teil unseres Wirtschaftssystems. Als wirkliche und potenzielle Kunden sind wir ein Wirtschaftsfaktor. Die Firmen, denen es gelingt, uns mit ihren Kaufanreizen zu beeindrucken, gewinnen dadurch einen mehr oder weni-

ger großen Wettbewerbsvorteil. „Wirtschaft" kommt von „wirtschaften", was wir alle irgendwie tun müssen, es meint ein menschliches aktives Tun. Der Mensch ist das Subjekt wirtschaftlichen Handelns.

Diese Sichtweise auf die Wirtschaft als eine menschliche Unternehmung wird von der Bibel nicht kritisiert oder gar bestritten. Vielmehr weitet der 127. Psalm unsere Wahrnehmung und eröffnet uns eine weitergehende Perspektive. Gott wirtschaftet – der Herr baut das Haus. Gott ist im Raum der Wirtschaft aktiv – er baut. Gott ist Subjekt wirtschaftlichen Handelns. Nun ist dies zunächst nicht mehr als eine kühne Behauptung. Denn wo wird denn Gottes Wirtschaften und Bauen sichtbar und spürbar? Ich kann mir nicht vorstellen, dass dem Dichter des 127. Psalms diese Frage nicht auch gekommen wäre. Allerdings beantwortet er sie auch nicht, weil dies vielleicht nicht zuletzt auch unsere Herausforderung ist, herauszufinden, wo und wie wir Gott in der Wirtschaft und in unserem Leben überhaupt aktiv bei der Arbeit wahrnehmen können.

Jedenfalls der gesamte Psalm bekräftigt und bekennt durchgehend wiederkehrend, dass ohne die Mitwirkung Gottes menschliche Aktivität ins Leere läuft. Dass Menschen sehr viel ohne Gott tun können, das wird nicht bestritten. Aber es wird behauptet, bekräftigt und bekannt, dass am Segen Gottes alles gelegen ist. Wenn Gott seinen Segen dazu gibt, dann kann aus meinem wirtschaftlichen Handeln etwas Gutes für andere Menschen werden. Gott muss mein Kooperationspartner werden, damit mein Einsatz Früchte trägt.

Der 127. Psalm mit seinem Lobpreis des Handelns Gottes beantwortet mir nicht alle meine Fragen: Warum schenkt Gott anscheinend manchen Menschen seinen Segen in Form von Erfolg und anderen eher nicht? Und warum liegt auf manchen wohlmeinenden Aktivitäten irgendwie kein Segen? Gott bleibt für mich das unergründliche Geheimnis unserer Welt.

Trotzdem eröffnet mir dieser Psalm die zentrale Perspektive auf mein, auf unser aller menschliches Handeln. Es macht mich in meinem Gestaltungswillen zu einem erträglicheren Wirtschaftsbürger, wenn ich für mich gelten lasse, dass nicht alles von mir abhängt und nicht alles auf mich ankommt. Gott, den ich nicht in der Hand habe und der mir nicht rechenschaftspflichtig ist, muss seinen Segen dazu geben, dass meine Arbeit und mein Wirtschaften im umfassenden Sinn gelingen.

Vater im Himmel,

ich danke dir,

dass du mir Gaben und Möglichkeiten gegeben hast,

in dieser Welt für meine Mitmenschen tätig zu werden.

Bitte segne meine Arbeit

und lass sie anderen zum Segen werden.

Du, Gott, bist Anfänger und Vollender dieser Welt –

gelobt seist du in Ewigkeit.

Amen

2

Wirtschaftswunder

Und wer kann die Taten seiner Barmherzigkeit alle
erzählen? Man kann sie nicht mindern noch mehren,
und die Wunder des Herrn kann man nicht begreifen.
— Sir 18,5 f.

In der Zeit, in der ich 1957 in Ingolstadt/Donau
zur Welt kam, erlebten die Menschen in Deutschland
ein Wirtschaftswunder. Ein Jahrzehnt nachdem ein
schrecklicher Weltkrieg viele deutsche Städte in
Schutt und Asche gelegt hatte, wurde überall gebaut
und gewirtschaftet. Als Kind sah ich vom Fenster
unseres Pfarrhauses aus auf eine Bahnlinie, auf der
schier unendlich viele Züge mit neuen Autos beladen
vorbeifuhren. Das Auto war mit einem Mal kein Luxus-
gut mehr, sondern das Land erlebte „Wohlstand für
alle" und es wurden Autos in Hülle und Fülle produziert. Die ältere Generation meiner Großeltern, die
die Arbeitslosigkeit und Not der 1920er Jahre und
natürlich die Zerstörungen des Weltkriegs durchlitten
hatte, empfand die neue Blüte als das reine Wunder.

Dieses Wirtschaftswunder konkretisierte sich in den
überreichen Kaufangeboten großer Versandhäuser,
deren bunte Kataloge in den Familien studiert wurden

wie vielleicht früher einmal die Familienbibel. War dieses Wirtschaftswunder nun der Beweis der Barmherzigkeit Gottes für ein kriegsgeschädigtes Volk? Steckte der Herr selbst hinter diesem Wunder? Diese Fragen stellen sich, wenn wir auch die Antwort darauf als Menschen nicht wissen können.

Was wir wissen und zur Kenntnis nehmen müssen, ist, dass das Wirtschaftswunder nicht nur die gewünschten positiven Effekte hatte, sondern auch zu einem unermesslichen Ressourcen- und Energieverbrauch und zu einer anhaltenden ökologischen Krise führte. Die Aufbauleistungen der Nachkriegszeit und die technologischen Errungenschaften sollen nicht klein geredet oder gar in Abrede gestellt werden. Damals wurde wirklich beim Wiederaufbau Großartiges geleistet und an den Früchten der erbrachten Wertschöpfung konnten sehr viele Anteil haben – zumindest in Deutschland und Europa. Doch die Folgen des deutschen Wirtschaftswunders sind bekanntlich zwiespältig. Es führte zu Wohlstand für viele, trug aber auch zu Umweltverschmutzung, Naturzerstörung und zu unverantwortlichem Ressourcenverbrauch bei. Wie kann den verbreiteten Wohlstandserwartungen entsprochen und zugleich der ökologischen Krise begegnet werden? Und wie kann in der Einen Welt das Wohlstandsgefälle zwischen den Ländern der nördlichen und der südlichen Hemisphäre aufgefangen werden? Ist das sogenannte „Wirtschaftswunder" zu Lasten von Natur und Umwelt sowie zu Lasten der Menschen in der sogenannten Dritten Welt erwirtschaftet worden?

Jedenfalls sind ungleiche Lebensverhältnisse unter den Geschöpfen kein Ausdruck von Gottes Barmherzigkeit und für Menschen in der Nachfolge Jesu Christi nicht hinnehmbar. Die Rückbesinnung auf die Zeiten des Wirtschaftswunders machen die Tragik menschlichen Arbeitseifers und menschlicher Schaffensfreude überdeutlich: Der Erfolg der einen ist nur zu oft das Unglück der anderen. Wenn Menschen Wunder bewirken wollen, scheint dies nie ohne gewaltige Kollateralschäden abzugehen. Bedürfte es nicht eines wirklichen, eines göttlichen Wunders, damit vom menschlichen Schaffensdrang alle gleichmäßig profitieren? Doch ist für solch ein Wunder in einem Wirtschaftssystem, das sich die menschliche Neigung zu Konkurrenz und Wettbewerb zunutze macht, der Raum und die Zeit? Ist nicht der Eigennutz die offene oder heimliche Quelle aller Prosperität? Lässt ein echtes Wirtschaftswunder noch auf sich warten?

Herr Gott, Schöpfer der Welt,

Dank sei dir für alle Wunder

menschlicher Schaffenskraft.

Bitte hilf uns,

die Früchte unseres Wirtschaftens

gerecht mit anderen zu teilen.

Sei gepriesen für die Schönheit

deiner Schöpfung.

Amen

3

Wirtschaftskrise

Als er aber alles verbraucht hatte, kam eine große Hungers-
not über jenes Land und er fing an zu darben. — Lk 15,14

Immer wieder ist in der Bibel von Hungersnöten die
Rede. Wenn von der Wirtschaft und dem menschlichen Wirtschaften gesprochen wird, dann bedeutet es
von jeher einerseits Wirtschaftswachstum, aber andererseits auch immer wieder die Erfahrung einer Wirtschaftskrise. In biblischen Zeiten erlebten Menschen
vielfach Wirtschaftskrisen als Hungersnöte — so wie
der verlorene Sohn im Gleichnis. Den Völkern der südlichen Hälfte der Erdkugel geht es bis heute so. Wirtschaft ist deshalb ein zwiespältiger Lebensbereich,
der Wohlstand vermehren oder in Gefahr bringen
kann.

Nicht zuletzt eine fundamentale Wirtschaftskrise
brachte in den 1930er Jahren die Nationalsozialisten
in Deutschland an die Macht. Verständlich, dass Wirtschaftskrisen gefürchtet werden, da dann Sparein-
lagen womöglich ihren Wert verlieren oder gar
Arbeitsplätze verloren gehen. Die Hoffnung auf ein
den Wohlstand vermehrendes Wirtschaftswachstum
und die Furcht vor einer möglichen Wirtschaftskrise
sind es gleichermaßen, die in der Öffentlichkeit und

bei den Einzelnen zur hohen Bedeutsamkeit des Lebensbereichs Wirtschaft führen.

Leider gibt es keine allgemein einsichtigen Erfolgsrezepte wie man sich vor Wirtschaftskrisen schützen kann, sondern sehr unterschiedliche und sich teilweise widersprechende wirtschaftspolitische Ansätze. Die Sorge vor einer möglichen Wirtschaftskrise beunruhigt uns Menschen wie früher die unberechenbaren Launen der Natur gefürchtet waren. Wie können wir mit dieser nicht unbegründeten Sorge leben und verantwortlich umgehen? Die Erinnerung an die Finanzmarktkrise 2008 steht mir noch lebendig vor Augen. Sehr viele Menschen weltweit verloren damals ihre

Arbeitsplätze und ihr Erspartes. Heute kann noch niemand die wirtschaftlichen Auswirkungen der derzeitigen Coronakrise realistisch abschätzen. Wer wird für die Folgen dieser Krise bezahlen? Wirtschaftskrisen sind beängstigend und gefährlich. Wirtschaftskrisen sind erfahrungsgemäß vor allem für die Armen existenzgefährdend.

Vor diesem Erfahrungshintergrund verbietet sich eine idealisierende Sicht von Wirtschaft als eine schöne neue Welt unbegrenzter Möglichkeiten. Weil verantwortungsloses wirtschaftliches Gebaren zu Wirtschaftskrisen führen kann, stellt sich die Frage, wie verantwortliches Handeln aussehen müsste, dass Krisen vermieden werden. Denn Wirtschaftskrisen bei uns führen zu Hungersnöten in der sogenannten Dritten Welt. Wie viel dürfen wir in den westlichen Ländern und wie viel darf ich persönlich an Rohstoffressourcen verbrauchen, dass alle auch morgen noch hinreichend zu essen haben?

Das Gleichnis Jesu vom verlorenen Sohn erzählt von einem, der alles, was er hatte, verbrauchte und nicht an morgen dachte. Dass eine Wirtschaftskrise kommen würde, das hatte er nicht einkalkuliert. Diese Krise erwischte ihn kalt und er musste hungern. Nun ist es unter den heutigen wirtschaftlichen Bedingungen mit all den Finanzmarktschwankungen an den Börsen nicht einfach zu entscheiden, in welcher Weise man sich vor möglichen Wirtschaftskrisen schützt und für die Zukunft vorsorgt. Gerade die zurückliegende Finanzmarktkrise zeigte, dass es keine absolut sichere finanziell-wirtschaftliche Zukunftsvorsorge geben kann. Aber vielleicht führt bereits ein wirtschaftliches Handeln, das die Möglichkeit der Krise mitdenkt, zu verantwortungsbewussteren Entscheidungen. Ganz besonders dann ist dies der Fall, wenn man sich klarmacht, dass eine Wirtschaftskrise bei uns zu einer Hungersnot woanders führen kann.

Dreieiniger Gott,

ich danke dir

für die Güter deiner Schöpfung,

mit denen du mich gesegnet hast.

Ich bitte dich, bewahre mich vor übermütigem

und verantwortungslosem Handeln,

das meinem Nächsten schadet.

Beschenke mich mit deinem Geist,

dass ich verantwortliche Entscheidungen

treffen kann.

Amen

4
Wirtschaftlichkeit

Verbürge dich nicht höher, als du kannst; wenn du aber bürgst, so rechne damit, dass du zahlen musst. – Sir 8,13

Die Ausgaben dürfen auf lange Sicht die Einnahmen nicht übersteigen. Irgendwann ist immer Zahltag und es muss sich erweisen, ob getätigte Investitionen rentierlich waren. Es ist eine Frage der praktischen Vernunft im Sinne verantwortlicher Haushalterschaft, mit anvertrauten finanziellen Mitteln sparsam und verantwortungsbewusst umzugehen. Gleichzeitig ist es sowohl im privaten als auch im öffentlichen Bereich oft notwendig, Schulden aufzunehmen und zu investieren. Ohne Mut zum Risiko können innovative Projekte nicht verwirklicht werden. Und nicht immer stellt sich die als sicher geglaubte Rendite dann auch ein.

Ich verstehe das Wort aus der biblischen Weisheit so: Bleibe auf dem Boden der Tatsachen und verspekuliere dich nicht. Bedenke stets, dass alle Rechnungen irgendwann auch beglichen werden müssen. Bring dich durch unüberlegte Risiken nicht selbst in Zugzwang. Wirtschaftliches Denken ist heute allgemein gefragt. Und „Wirtschaftlichkeit" ist ein wichtiges und berechtigtes Kriterium und Qualitätsmerkmal menschlichen und auch kirchlichen Handelns. In den letzten Jahren

habe ich mehr und mehr den Eindruck gewonnen, dass Wirtschaftlichkeit das Fundamentalkriterium schlechthin allen Handelns in Wirtschaft, Gesellschaft und auch Kirche geworden ist. Die Macht der Zahlen ist überall spürbar. Die „schwarze Null" wurde zum Globalziel menschlichen Gestaltens in vielen Bereichen. Doch ist eine Maßnahme mitmenschlicher Fürsorge nicht notwendig, selbst wenn sie sich nicht rechnet? Ist der Umkehrschluss erlaubt: Weil sich etwas nicht rechnet, deshalb darf es nicht sein oder ist gar unwichtig? Ist Liebe wirtschaftlich? Wie viel darf uns Nächstenliebe kosten?

Bereits im Aussprechen dieser Fragen wird deutlich, dass „Wirtschaftlichkeit" zum Fundamentalkriterium menschlichen Handelns nicht taugt. Gleichzeitig geht wirtschaftliches Handeln und menschliches Leben nicht ohne Wirtschaftlichkeit. Wir dürfen und wir müssen rechnen, aber wir dürfen nicht berechnend sein. Weil eine Investition eine gute Rendite verspricht, ist sie noch lange nicht automatisch gut. Als Christ lebe ich aus der Liebe Gottes, die so unermesslich groß ist, dass ich doch bestimmt nicht kleinlich sein darf. Jeder Arbeitstag hält für mich so einen Abwägungsprozess bereit: Wo muss ich investieren, um der Liebe willen? Und wo muss ich rechnen, um meiner Verantwortung gerecht zu werden? Ich bin völlig sicher, dass ich bei solchen Abwägungsprozessen in meinem Berufsleben schon häufig die Prioritäten lieblos und damit falsch gesetzt habe. Nicht selten hatte ich auch das Gefühl, dass ich es instinktiv richtig gemacht habe. Gelegentlich empfinde ich das Streben nach Wirtschaftlichkeit als lieblos und die entsprechenden Diskurse als sehr nervenaufreibend.

Die Schwierigkeit scheint mir zu sein, dass wir Menschen nicht in die Zukunft schauen können. Niemand weiß, was sich langfristig als sinnvolle Investition erweist. Was wird morgen gebraucht? Wie wird Gott einmal meine Entscheidungen im beruflichen Tagesgeschäft beurteilen? Wird vor dem himmlischen Richter Bestand haben können, was ich nach bestem Wissen und Gewissen entscheide? Mich stimmt hoffnungsvoll, dass Gott bei mir ist an allen Tagen meines Berufslebens. Damit möchte ich vor allen anderen Dingen rechnen.

Allmächtiger Gott und Vater,

ich danke dir

für all die Gestaltungsmöglichkeiten,

die mein Berufsleben so sehr bereichern.

Und ich bitte dich

um die Gabe der rechten Unterscheidung

zwischen dem, was ich vorrangig tun, und dem,

was ich besser lassen soll.

Lass mich deinen Geist der Liebe

und Versöhnung spüren –

dir sei Lob und Preis in Ewigkeit.

Amen

5

Alltag

Darum sorgt nicht für morgen, denn der morgige Tag wird für das Seine sorgen. Es ist genug, dass jeder Tag seine eigene Plage hat. – Mt 6,34

Die Abfolge der Tage, von denen jeder einzelne seine spezielle eigene Plage und Herausforderung hat, dies ist der berufliche Alltag. Die Plage hat jeden Tag ein anderes Gesicht. Es kann sich dabei um einen gewöhnungsbedürftigen Kollegen, eine schwer lösbare Aufgabe oder um eine langweilige Sitzung handeln, die gemeistert werden wollen. Die Aneinanderreihungen von Plagen des Alltags sind es, die unsere Lebenszeit verbrauchen und unsere Kräfte verschleißen. Wenn ich eine solche Alltagsplage auf mich zukommen sehe, dann trübt sich meine Stimmung etwas ein: Nicht sehr stark, denn ich habe schon zahlreiche Plagen überstanden. Und meine Stimmung hellt sich sofort auf, wenn die Plage vorüber und womöglich positiv bewältigt ist. Die Bergpredigt hat recht: Jeder Tag des Arbeitsalltags hat seine Plage. Irgendetwas ist immer los und die Plagen machen einem Probleme und Mühe. Und dieselbe Plage fühlt sich jeden Tag anders an. An einem Tag nervt sie und an einem anderen Tag lässt sie mich einfach kalt. Soweit so gut oder eben auch nicht gut.

Was mir persönlich schwerfällt ist, dieses autoritative „Es ist genug" der Bergpredigt für mich gelten zu lassen und zu leben. Denn zu gern würde ich die vorhersehbare Plage des nächsten Tages heute gleich schon mal vorab angehen und sie vorauseilend hinter mich bringen – in der Hoffnung, dass morgen dann der erste plagenlose Arbeitstag meines Berufslebens stattfinden kann. Gleichzeitig weiß ich aus der Bergpredigt, dass dies eben eine Illusion ist, weil es den plagenlosen Arbeitsalltag einfach nicht gibt. Deshalb ist es vielleicht wirklich klüger, wenn ich erst einmal

mit dem zufrieden bin, was ich mit Gottes Hilfe heute wieder hingekriegt habe. Und wenn ich mich morgen mit neuer Kraft frisch und unverbraucht der dann tagesaktuellen Plage zuwende.

All das ist nur zu einsichtig, aber unendlich schwer zu beherzigen. Das gilt besonders für Berufe mit hoher Selbstverantwortung und großen Gestaltungsmöglichkeiten. Außer meiner Ehefrau sagt mir eigentlich niemand, dass es genug ist und es nun besser ist, die Dinge auch einmal auf sich beruhen zu lassen. Manches löst sich von selbst und anderes stellt sich am nächsten Tag noch einmal anders dar. Auch der morgige Tag wird zwar wieder ein Tag mit Alltagsplagen sein, aber eben auch wieder ein Tag unter Gottes Segen. So wie jeder Tag seine eigene Plage hat, so hat auch jeder Tag seinen eigenen Segen. Anscheinend soll man weder der Plage noch dem Segen vorgreifen. Der Segen beinhaltet das noch verborgene Problemlösungspotenzial des kommenden Tages.

In meinem beruflichen Alltag habe ich es häufig erlebt, dass ich dem kommenden Tag mit seiner Plage mit einer gewissen Bangigkeit entgegengesehen habe und anderentags ereignete sich eine überraschende „Plagenentsorgung", die so nicht absehbar gewesen war. Manchmal denke ich mir: Alltag ist blöd – immer das Gleiche. Genauso oft denke ich mir: Alltag ist prima – alles schon einmal dagewesen. Wie auch immer – ohne Alltag geht kein Arbeitsleben ab. Mit Gottes Hilfe und im Vertrauen auf Gottes Segen ereignen sich auch im Alltag ein Wiederschein und eine Fortsetzung des Sonntags. Jeder Alltag ist ein Tag, den Gott hat werden lassen.

Gott, du Schöpfer aller Zeit,

wir danken dir für die Sonntage

und die Alltage unseres Lebens.

Wir bitten dich, dass wir erkennen,

welchen Aufgaben wir uns heute

vorrangig zuwenden sollen.

Wir loben dich, dreieiniger Gott,

dass du uns

mit deinem Segen begleitest.

Amen

6

Welt

In der Welt habt ihr Angst; aber seid getrost,
ich habe die Welt überwunden. — Joh 16,33

Irgendwann sind wir alle einmal auf die Welt gekommen. Seit wir auf dieser Welt sind, machen wir mit ihr Erfahrungen. Gute Erfahrungen und schlechte Erfahrungen. Unser Umfeld bezeichnen wir gerne als Lebenswelt. Dazu gehört auch unsere Privatsphäre. Davon unterscheiden wir wiederum gerne unsere Arbeitswelt. Mit dieser Begrifflichkeit wird signalisiert, dass sowohl unsere Lebenswelt als auch unsere Arbeitswelt einen Kosmos für sich und in sich bilden. Ich selbst fühle mich als Teil dieser Welten. Sie sind mir vertraut, aber manchmal empfinde ich sie auch als fremd. Denn sie sind in einem fortlaufenden Veränderungsprozess begriffen. Nichts bleibt wie es war. Sowohl in meiner Lebenswelt als auch in meiner Arbeitswelt nehme ich Veränderungsprozesse, aber auch einige konkrete Menschen wahr, die mir Angst machen und mich verunsichern.

Nun bin ich schon so lange auf der Welt und eine andere Welt habe ich bisher auch nicht kennengelernt und trotzdem beschleicht mich immer wieder dieses Fremdheitsgefühl. Dies hängt nicht nur, aber auch mit

dem christlichen Glauben zusammen, der meinem Leben seinen Halt und seine Richtung vorgibt. Ich verstehe das Evangelium von Jesus Christus als einen weltzugewandten Glauben. Von meinem Glauben her fühle ich mich an die Menschen gewiesen, denen ich in meiner Lebens- und in meiner Arbeitswelt begegne. Ihnen möchte ich Nächstenliebe entgegenbringen und ihnen mit meinen Gaben und meinen Möglichkeiten dienen. Glaube und Welt erlebe ich nicht von vorneherein als Gegensätze. Trotzdem kann und will ich mich mit meinem Glauben und von meinem Glauben her nicht an die Welt verlieren.

Die Welt an sich beinhaltet noch nicht eine Hoffnung über diese Welt hinaus. Deshalb bin ich dankbar für die Hoffnung meines Glaubens auf den, der diese Welt durch Kreuz und Auferstehung überwunden hat. Dieses Glaubenswissen um den Weltüberwinder Jesus Christus vermag meine Haltung zu dieser Welt neu zu ordnen. Es bleibt schon dabei, dass ich in diese Welt hineingeboren bin und mein Schicksal mit dieser Welt verwoben ist. Aber weder meine Lebens- noch meine Arbeitswelt ist die ultimativ beste und letzte aller Welten. Ich glaube die Welt als von ihrem Schöpfer gehaltene, als in Jesus Christus versöhnte und auf die Erlösung ausgerichtete Welt. Dies nimmt den irdischen Schrecken und Ängsten ihren Ernst und bewahrt mich vor Verzweiflung. Gut, dies zu wissen und darauf zu vertrauen.

Aber ich bleibe an diese Welt und die Menschen um mich herum in meiner Lebens- und Arbeitswelt gewiesen. Weil diese Welt in Jesus Christus überwunden, also in ihrer Endlichkeit und Vorläufigkeit entlarvt ist, brauche ich mich nicht an ihrer Überwindung versuchen. Als überwundene Welt ist sie mir eine – trotz ihrer Abgründigkeit – dann auch wieder erträgliche Welt. Dankbar bin ich, dass diese Welt nicht alles gewesen sein soll, was auf mich wartet. Von daher kann ich mich doch den Menschen, denen ich „auf der Arbeit" oder in meinem Beruf begegne, weltzugewandt und aufgeschlossen entgegentreten. Gleichzeitig bewahrt mich dieses Wissen um die Vorläufigkeit aller irdischen Bemühungen vor falschem Eifer oder gar vor Fanatismus.

Herr Gott, Schöpfer der Welt,

wir danken dir für die Schönheit

und die Vielfalt deiner Schöpfung.

Wir bitten dich, dass wir immer besser lernen

als Geschöpfe in dieser Welt zu leben

und deine Schöpfung zu bewahren.

Dich loben wir für die Hoffnung des Glaubens,

dass sie sich durch deinen Heiligen Geist

unter uns wirkmächtig erweisen möge.

Amen

7

Taufe

Seht, welch eine Liebe hat uns der Vater erwiesen,
dass wir Gottes Kinder heißen sollen – und wir sind
es auch! – 1. Joh 3,1

Dieses Bibelwort stand ganz am Anfang meines Lebenswegs und meines Glaubenswegs – es war mein Taufspruch, wie mir später von meinen Eltern erzählt wurde. Was um alles in der Welt hat nun die Taufe mit der Arbeitswelt zu tun? Aus meiner Sicht eine ganze Menge. Ja, noch mehr: Sie ist von grundlegender Bedeutung dafür, wie ich mich selbst als Berufstätiger verstehe und wie ich meine Kollegen sehe. Seit meiner Taufe darf ich mich als ein vom himmlischen Vater geliebtes Gotteskind wissen.

Als Schüler und als Student überlegte ich lange, was ich einmal werden, welchen Beruf ich ergreifen solle. Und auch in der ersten Hälfte meines Berufslebens spielte die Frage, was ich als Nächstes werden und welche Aufgabe ich übernehmen solle, eine nicht unbeträchtliche Rolle. Welche Position läge sich künftig für mich nahe und welche berufliche Weiterentwicklung wäre wünschenswert? In ihrer Ich-Zentriertheit sind das keine unproblematischen Fragestellungen. Welche Befreiung von jedweden Profilierungszwängen oder Profilierungsgelüsten beinhaltet doch dieses

Wort aus dem 1. Johannesbrief! Bei Gott habe ich schon alles erreicht. Ich bin auf der Karriereleiter schon ganz oben angekommen. Ich darf leben als einer, aus dem schon etwas geworden ist, nämlich ein geliebtes Kind Gottes. Es erübrigt sich eigentlich ein selbstquälerisches Nachdenken darüber, was aus mir noch alles Großartiges werden könnte. Welche Befreiung für mich selbst und auch für meine Familie! Nichts muss ich mehr unter Beweis stellen, weil Gott selbst seine Liebe zu mir in der Taufe unter Beweis gestellt hat.

Nun bin ich aber kein Einzelkind Gottes, sondern all die Menschen in meinem Betrieb, meiner Firma bzw. meinem Umfeld sind ja auch Kinder Gottes. Kann ich in meiner Belegschaft gnadenlos durchgreifen und eine unbarmherzige Konkurrenz aufbauen? Wir sehen schon, dass sich neue Schwierigkeiten auftun, wenn wir von der Taufe her unser Berufs- und Arbeitsleben gestalten. Eine Schwierigkeit sehe ich darin, dass die Liebe Gottes nicht so ohne Weiteres erfahrbar und spürbar ist wie die Liebe, die ich von meiner Frau und meinen Familienangehörigen erfahre. Die Liebe anderer Menschen ist es doch zu allererst, die mir hilft zu ahnen, was mit der Liebe Gottes gemeint sein könnte. Nun bin ich an meinem Arbeitsplatz vorrangig mit Menschen zusammen, die ich mir nicht aussuchen konnte. Sie sind meistens aus Sachgründen wie ihrer beruflichen Qualifikation auf ihre jeweiligen Stellen gekommen. Wir müssen einander nicht lieben, um in funktionalem Sinn sachgerecht zusammenzuarbeiten. Wie kann ich also die Liebe Gottes zu mir spüren, wenn schon bei meinen Kollegen von Liebe keine

Rede sein kann? Vielleicht reicht es ja, wenn Gott seine Liebe zu mir spürt. Ich selbst weiß es nicht anders als mich darauf zu verlassen, dass meine Taufgnade anhält. Sie ist von Gott her nicht aufgekündigt. Möglicherweise erweist es sich als hilfreich, wie Martin Luther den Satz aufzuschreiben, zur eigenen Vergewisserung: Ich bin getauft. Dann habe ich es schwarz auf weiß, dass ich eines dieser geliebten Gotteskinder bin. In der Taufe wird diese Liebe Gottes spürbar und anschaulich. Von der Taufe her möchte ich auch mein Berufsleben gestalten, das nun nicht mehr lieblos werden kann. Nachdem ich die Erfahrung gemacht habe, dass auf alles Sichtbare kein letztgültiger Verlass ist, verlasse ich mich lieber auf den Taufsegen – Sichtbarkeit hin oder her.

Ewiger Gott,

ich danke dir,

dass ich mich

als geliebtes Kind Gottes wissen darf.

Ich bitte dich, dass ich es

immer besser lerne

aus dieser Liebe zu leben

und sie an meine Mitmenschen

weiterzugeben.

Dir sei Lob und Dank

in Ewigkeit.

Amen

8

Gebet

Seid allezeit fröhlich, betet ohne Unterlass, seid dankbar in allen Dingen; denn das ist der Wille Gottes in Christus Jesus für euch. – 1. Thess 5,16 ff.

Das ist die christliche Lebensform: ein Leben, das gelebt wird aus dem Dank gegenüber dem Schöpfer. Ein Leben, das gelebt wird im Einklang mit dem Willen Gottes. Ein Leben, das gelebt wird in der Heiterkeit des Glaubens. So einfach ist das, denn um mehr geht es eigentlich nicht. Und so schwierig ist das, denn so soll es nicht nur am Sonntag sein, sondern auch am Werktag, nämlich „allezeit".

„Allezeit" – das ist das Problem und darin steckt die Herausforderung. „Allezeit" ist im Erwachsenenleben vor allem Arbeitszeit. Wie soll diese Lebensform gelebt werden, wenn der Dank des Arbeitgebers und der Kollegen für die erbrachte Arbeitsleistung ausbleibt? Auch Beten ist im Arbeitsleben nicht allgemein üblich und vielleicht auch nicht so einfach in notwendige Arbeitsabläufe einzufügen. Nicht einmal bei Kirche und Diakonie bin ich sicher, dass so lebenspraktisch auf Arbeitsverhältnisse bezogen ernsthaft nach dem Willen Gottes gefragt wird. Zum Glück gibt es im

Arbeitsalltag immer wieder zumindest etwas zu lachen, aber häufig auf Kosten eines Kollegen oder einer Kundin. Und ganz schwierig wird es mit dem Anspruch, dass die christliche Lebensform nicht nur sonntags und im Privatleben, sondern allezeit prakti-

ziert sein will. Wie verhalten sich dann die Grundregeln christlichen Glaubens, man denke nur an die
Zehn Gebote und das Gebot der Nächstenliebe, zu anderen Regeln und Normierungen des Arbeitslebens?
Ich denke, die christliche Lebensform gelingt nur so,
wenn ich mir immer wieder klarmache: Gott ist die
„Allezeit" meines Lebens und eben auch die „Allezeit" meines Arbeitslebens, weil alle Zeit von ihm
herkommt und auf ihn zuläuft und in seiner Gegenwart gelebt wird.

Das Gebet ist die christliche Lebenshaltung schlechthin. Ich habe tatsächlich die Erfahrung gemacht, dass
sich an meinem Verhältnis zu meinen Kollegen etwas
verändert, wenn ich Gott vor Arbeitsbeginn dafür
danke, dass ich mit ihnen arbeiten darf. Es entschärft
meine eigene Haltung in Konflikten, wenn ich auf der
Höhe des Tages innehalte und bete: „Verleih uns Frieden gnädiglich." Auf dem Nachhauseweg Gott loben
für die Wunder seiner Schöpfung erspart mir Eigenlob
und ein ständiges Schielen nach Anerkennung und
Wertschätzung. Fröhlich lässt mich persönlich die
einfache Überlegung sein, dass mein Arbeitsleben
nicht alles ist. Zum Glück ist Arbeit nicht „allezeit",
denn es gibt aus gutem Grund den Sonntag, die Freizeit, den Urlaub und irgendwann sogar einmal den
Ruhestand. Fröhlich bin ich darüber, dass ich schon
war, bevor ich meine derzeitige Stelle angetreten
habe und mit Gottes Segen weiterhin sein werde,
wenn meine derzeitige Stelle von jemand anderem
wahrgenommen wird. Gott sei Dank gehe ich nicht in
meiner Arbeit auf. Sie ist ein wichtiger Bestandteil
meines Lebens, aber längst nicht alles. In der Arbeits-

welt und auch sonst ist mir nicht alles zuträglich, was möglich ist, das wollen mir die Gebote Gottes näherbringen. Leider gelingt es mir nicht „allezeit" so zu leben, aber morgen versuche ich es erneut.

Lieber Vater im Himmel,

wir danken dir,

dass du kein ferner, sondern

ein naher ansprechbarer Gott für uns sein willst.

Wir bitten dich,

dass wir in den Herausforderungen

unseres Arbeitsalltags mit dir

in Verbindung und im Gespräch bleiben können.

Wir beten dich an

als den Schöpfer, Versöhner und Erlöser

dieser Welt.

Amen

9

Bibel

Alle Schrift, von Gott eingegeben, ist nütze zur Lehre, zur Zurechtweisung, zur Besserung, zur Erziehung in der Gerechtigkeit. — 2. Tim 3,16

Was „nützt" mir, um mein Arbeitsleben zu bestreiten und einen Arbeitstag gut zu bestehen? Niemand wird die Nützlichkeit einer guten Ausbildung, einschlägiger Begabung und vor allem mehrjähriger Berufserfahrung bestreiten wollen. Aber meine Fragen nach dem Sinn und dem letztgültigen Ziel meines Tätigseins kann ich aus mir selbst heraus nicht beantworten. Zudem ergibt sich womöglich auch im Arbeitsvollzug die Notwendigkeit, dass mir Grenzen meines Gestaltungsdrangs aufgezeigt werden. Dabei kann sich herausstellen: In mancher Hinsicht sollte ich vielleicht auch nicht so bleiben wie ich nun einmal bin. Und vor allem finde ich in mir selbst nicht immer und nicht unbedingt den rechten Maßstab für ein Leben, das immer der Gerechtigkeit Gottes entspricht. Jeden Tag stellt sich neu die Herausforderung: Was ist das rechte Wort gegenüber welchem Kollegen und was ist die rechte und als nächstes erforderliche Maßnahme? Gerechtigkeit gegenüber jedermann zu üben ist ein schwieriges Geschäft für die Mitarbeitenden

und für Chefs. Jeden Tag bedarf es eines neuen Anlaufs.

Für Fragen von grundsätzlicher und strategischer Bedeutung, die über die Herausforderungen des operativen Tagesgeschäfts hinausgehen, die sich jedem arbeitenden Menschen stellen, bietet die Bibel das, was wir brauchen. Der zweite Timotheusbrief formuliert es mit eindrücklichem Ernst: „Lehre, Zurechtweisung, Besserung, Erziehung in der Gerechtigkeit". Das sind sehr strenge Begriffe. Sie signalisieren Ansprüche an uns, die wir nicht unbedingt hören wollen. Das biblische Wort ist häufig das fremde Wort, das nicht aus mir selbst, sondern von weit her auf mich zukommt. Aber es gibt mir Orientierung. Über die Generationen machten Christen die Erfahrung der Nützlichkeit und der Lebenstauglichkeit dieses Buches. Wichtig scheint mir zu sein, dass ich mir nicht nur die Bibelworte heraussuche, die mich selbst bestätigen. Denn „alle Schrift" ist nützlich. Wenn von der Schrift die Rede ist, dann ist da das Miteinander und Ineinander von Altem und Neuem Testament angesprochen. Kein Tag ohne die Schrift. Neben all den vergänglichen Worten, die ich im Laufe eines Arbeitstages mit meinen Kollegen, Vorgesetzten und Kooperationspartnern spreche, tritt das ewige Wort, „von Gott eingegeben". Damit ist sicher nicht ein einzelner Buchstabe, aber selbstverständlich das Wort vom Kreuz in all seiner Skandalität gemeint, das uns paradoxerweise tröstet und aufrichtet, aber auch Orientierung gibt und uns manchen Gesinnungswandel zumutet.

„**Alle Schrift" immer** zugleich im Blick zu haben, das will so recht wohl niemandem gelingen. Bei mir hat sich das eingehende Bedenken der Herrnhuter Losungen bewährt. Jeder einzelne Tag bekommt so eine biblische Losung, aber auch seinen Lehrtext sowie sein Gebet. So bleibe ich nicht allein mit meinen Gedanken und Gefühlen. In dem einzelnen Bibelwort spiegelt und versammelt sich „alle Schrift". Und, wenn Gott seinen Segen dazugibt, dann findet das ewige Wort Gottes in den vorläufigen und vergänglichen Worten, die ich einen Arbeitstag lang spreche, seinen Widerhall. So kann ich für meine Mitmenschen auch nützlich werden. Ganz besonders dann, wenn das Leben und Experimentieren mit aller Schrift mich in der Gerechtigkeit hat heranreifen lassen. Die Welt der Arbeit ist häufig eine Welt großer Ungerechtigkeit. Wer gut ist, der wird längst nicht immer gut behandelt. Alle Schrift hilft mir, die guten und die schwierigen Erfahrungen meines Arbeitslebens zu deuten und in einen größeren Horizont zu stellen.

Herr,

wir danken dir für dein Wort,

das uns den Weg durchs Leben weist.

Wir bitten dich um das rechte Hören auf die Heilige Schrift

sowie um rechtes Verstehen.

Wir loben dich, dreieiniger Gott,

dass du zu uns sprichst und auf uns hörst.

Amen

10

Einsamkeit

Wende dich zu mir und sei mir gnädig;
denn ich bin einsam und elend. – Ps 25,16

Vermutlich wird jeder Arbeitsplatz immer wieder als
einsamer Ort erlebt. Man kann von vielen Kollegen
umgeben sein und sich trotzdem einsam fühlen. Ein
erster Arbeitstag auf einer neuen Stelle wird in der
Regel nicht ohne ein Gefühl von Einsamkeit und Ver-
lorenheit abgehen. Wenn dann von Personen und
Arbeitsabläufen die Rede ist, die einem als Neuem
fremd sind, dann stellt sich unwillkürlich ein Gefühl
von Einsamkeit ein, das sich ziemlich elend anfühlt.
Wie schön war doch die letzte Stelle, wo alles vertraut war und man sich sicher fühlen konnte! Nicht
immer wird im beruflichen Umfeld auf den oder die
Neue Rücksicht genommen, oft werden Anspielungen
gemacht und vielleicht sogar Scherze auf Kosten des
Neuen.

Bestimmte Aufgaben lassen sich grundsätzlich nur allein in kreativer Einsamkeit erledigen. Vor allem Führungskräften bleiben einsame Entscheidungen nicht
erspart. Häufig ist es so, dass einer oder eine auf Leitungsebene für eine schlechte Bilanz oder eine
schwierige Personalentscheidung den Kopf hinhalten

muss. Gerade auf der mittleren Leitungsebene kommt der Druck häufig von oben und gleichzeitig von unten, von den Mitarbeitenden her. Diese Erfahrung macht unwillkürlich einsam und kann zum Rückzug vom kollegialen Umfeld führen. Manche Entscheidungen unterliegen notwendigerweise der dienstlichen Verschwiegenheit und können mit niemandem geteilt werden. Auch ein vermuteter Erwartungsdruck zu intellektueller bzw. fachlicher beruflicher Kreativität kann einsam machen. Da sitzt man dann einsam an seinem Schreibtisch und kaut an seinem Bleistift. Einsamkeit macht elend und trübsinnig, wenn sie zu lange andauert.

Der Psalmist macht es vor, wie diese Spirale der Einsamkeit durchbrochen werden kann. An Gott kann ich mich immer im Gebet wenden: „wende dich zu mir und sei mir gnädig", dann ist die Spirale des Schweigens und der Einsamkeit schon durchbrochen. Gott ist mir gnädig zugewandt in den einsamen und herausfordernden Entscheidungen meines Berufslebens. Er lässt mich nicht allein. Mit seinem guten Geist ist er bei mir und bleibt mir gnädig zugewandt. Ihm kann ich mich anvertrauen in meiner Bedürftigkeit. Indem ich diese Worte an Gott richte, ist das Schweigen und damit die Einsamkeit überwunden: „Wende dich zu mir." Meinem Schöpfer gegenüber darf ich eingestehen, dass ich tatsächlich gerade wieder einmal einsam und elend bin. Mit diesem Eingeständnis bin ich schon dabei, meine Einsamkeit und mein Elend zu überwinden. Doch allzu einsam bin ich ja nicht, wenn der heilige und ewige Gott mir gnädig zugewandt ist. Und manchmal sendet mir Gott in den Stunden der

Einsamkeit auch überraschend einen Menschen vorbei, der meine Einsamkeit wahrnimmt und mein Elend teilt und damit schon drauf und dran ist, meinem Leben in „splendid isolation" eine neue Wendung zu geben – heraus aus der Isolation hin zu den Mitmenschen. Einsamkeit gehört zum Leben und damit auch zum Berufsleben dazu. Aber auch die Wendung hin zum Du gehört dazu – zum Schöpfer selbst und anschließend zu den Mitgeschöpfen. Was auch immer passiert: Gott lässt uns nicht allein.

Gott, Schöpfer der Welt,

wir danken dir,

dass du uns nicht allein lässt.

Wir bitten dich:

Lass uns in den Stunden von Einsamkeit

und Elend deine Nähe

und Begleitung erfahren.

Wir loben dich für das Geschenk

deiner gnädigen Zuwendung.

Amen

11

Gemeinschaft

Was wir gesehen und gehört haben, das verkündigen wir auch euch, damit auch ihr mit uns Gemeinschaft habt; und unsere Gemeinschaft ist mit dem Vater und mit seinem Sohn Jesus Christus. – 1. Joh 1,3

Dienstgemeinschaft wird in den Kirchen das Miteinander von Mitarbeitenden genannt. Damit wird signalisiert, dass die Gemeinschaft in der Wahrnehmung des kirchlichen Auftrags Unterschiede in der Funktion umgreift. Da der Begriff Betriebsgemeinschaft von den Nationalsozialisten im Sinne von völkisch gemeinter Volksgemeinschaft missbraucht worden ist, sprechen wir heute lieber von der Belegschaft eines Betriebs. Aber für den einzelnen Mitarbeitenden einer Belegschaft geht es darum, ob eine Belegschaft eine kollegiale Gemeinschaft bildet, die den einzelnen Mitarbeitenden in seinem spezifischen Personsein, in seiner individuellen Besonderheit zu integrieren vermag. Selbstverständlich will jeder Mitarbeitende an seinem Arbeitsplatz Gemeinschaft erfahren und Zugehörigkeit erleben. Arbeit ist meistens Zusammenarbeit, die nur als gemeinschaftliche Anstrengung gelingen kann. Bekanntlich werden in der Arbeitswelt häufig schmerzliche Erfahrungen der Ausgrenzung und der Stigmatisierung von Fremden und sogenannten Außenseitern gemacht. Mobbing ist verbreitet. Mobbing verschleißt Zeit, Kraft und Energie, weil es Menschen krank macht und sich kontraproduktiv auf den Arbeitserfolg auswirkt. Alle wissen es: Mobbing ist Mist. Mobbing ist Sünde. Und trotz bester Einsicht klappt es mit der Gemeinschaft im beruflichen Umfeld häufig gerade nicht, weil die Arbeitswelt zwangsläufig eine Welt voller Konkurrenz und Wettbewerb ist.

Im Neuen Testament können wir einen tiefergehenden Gemeinschaftsbegriff kennenlernen und uns von ihm in unserer möglicherweise mangelhaften Gemeinschaftsfähigkeit herausfordern lassen. Das biblische Glaubenszeugnis nimmt uns mit hinein in die Gemeinschaft mit den ersten Augen- und Ohrenzeugen des Glaubens. Indem wir uns auf die Verlässlichkeit ihres Berichts einlassen, sind wir ihnen gemeinschaftlich verbunden. Verbunden sind wir als Christen mit all den vielen, die vor uns geglaubt haben. Aber vor allem haben wir Menschen im Glauben Gemeinschaft mit Gott, dem Vater und dem Sohn, durch das Wirken des Heiligen Geistes. Hörbar wird diese Gemeinschaft überall da, wo das Evangelium von Jesus Christus verkündigt wird. Spürbar und sichtbar wird sie zuerst in der Taufe und immer neu bekräftigt durch das heilige Abendmahl.

Insofern muss ich davon ausgehen, dass mein Kollege und meine Kollegin Geschöpfe Gottes sind, mit denen Gott selbst Gemeinschaft haben will wie mit mir. Wer bin ich, dass ich dem Gemeinschaftswillen Gottes durch unkollegiales und ausgrenzendes Verhalten im Wege stehe oder die von Gott unter Menschen gestiftete Gemeinschaft meinerseits aufkündige? Gott sei Dank bin ich nicht allein auf dieser Welt! Zugegeben, im modernen beruflichen Umfeld, zu dem Menschen ohne Kirchenbindung, Angehörige der unterschiedlichsten Religionsgemeinschaften und Weltanschauungen gehören, wird unsere Gemeinschaftsfähigkeit häufig auf eine harte Probe gestellt. Umso schöner sind Erfahrungen von praktizierter Gemeinschaft mit Menschen, mit denen mich vordergründig nichts verbindet. Solche Erfahrungen kann man gerade im Berufsleben machen. Ich habe es schon erlebt: Da hilft mir jemand, den ich kaum kenne, bei einer für mich unlösbaren Problemstellung, der gar nicht zu dieser Hilfestellung verpflichtet gewesen wäre. Anscheinend verbindet uns doch mehr als bisher wahrgenommen. Jedenfalls als Christenmenschen, die auf die von Gott gestiftete Gemeinschaft des Reiches Gottes zugehen, sind wir einfach dazu prädestiniert, gemeinschaftsbildend und gemeinschaftsfördernd unter unseren Mitmenschen auch im beruflichen Umfeld zu wirken. Gott wird schon wissen, warum er uns nicht als Solitäre geschaffen hat.

Lieber himmlischer Vater,

wir danken dir,

dass du uns nicht als Einzelkämpfer erschaffen,

sondern uns Mitmenschen an die Seite gestellt hast.

Wir bitten dich,

dass wir es immer besser lernen,

in deinem Sinne gemeinschaftsbildend

und gemeinschaftsfördernd zu wirken.

Wir loben dich dafür,

dass du uns im Glauben

in die Gemeinschaft mit dir in Jesus Christus

im Heiligen Geist mit hineinnimmst.

Amen

12

Wertschöpfung

*Und Gott der Herr nahm den Menschen und setzte ihn
in den Garten Eden, dass er ihn bebaute und bewahrte.*
— 1. Mose 2,15

Die Schöpfungsgeschichte berichtet von einer folgen-
reichen strategischen Entscheidung Gottes. Der
Schöpfer selbst war es, der den Menschen im Garten
Eden implementierte. Allerdings findet keine Eigen-
tumsübertragung statt. Der Garten Eden bleibt im Besitz des Schöpfers. Im Auftrag des Schöpfers und von
ihm selbst dort eingesetzt soll der Mensch nun tätig
werden. Im Auftrag des Schöpfers generiert der
Mensch nun selbst Wertschöpfung. Dafür erhält der
Mandatar Mensch einen doppelten Arbeitsauftrag,
nämlich, dass er den Garten Eden bebauen und
bewahren soll. Dieses Zugleich von Bebauen und
Bewahren sollte sich in der sich anschließenden
Menschheitsgeschichte als die große Schwierigkeit
und als ein schwer lösbares Problem herausstellen.

Bebauen ist einfach. Fast jeder Mensch baut gern.
Sich selbst als wirkmächtig zu erleben und etwas zu
schaffen, das sich sehen lassen kann, das ist eine
wunderbare Erfahrung, die nach Wiederholung ver-

langt. Bewahren ist auch nicht schlecht. Bewahren kann ich meinen Garten, indem ich vorhandene Pflanzen hege und pflege, durch Zurückstutzen von austreibenden Pflanzentrieben oder durch Unkrautjäten und Blumengießen oder indem ich einfach einmal alle Fünfe gerade sein lasse. Aber diese dialektische Spannung von Bebauen und Bewahren bereitet doch erhebliches Kopfzerbrechen, denn es ist wie Gasge-

ben und Bremsen beim Autofahren, wie Aktiv und Passiv. Geht das wirklich gleichzeitig?

Gerne möchte ich meinen eigenen Arbeitsplatz von der Schöpfungsgeschichte her wahrnehmen: Dass ich von Gott eingesetzt bin, um Wertschöpfung zu generieren, das ist schon einmal gut. Dass Gott sich die Eigentumsrechte an meinem Garten Eden vorbehält, das muss ich mir eher mühsam immer wieder vor Augen führen. Bebauen ist für mich ein super Auftrag. Sehr gerne lege ich los und nehme vor mir liegende Aufgaben in Angriff. Vor allem dann, wenn ich Schwerpunkte meiner Aktivitäten selbst bestimmen kann. Bewahren fällt mir schwerer. Es ist nicht so leicht, bei einer Sache zu bleiben und die Nachhaltigkeit meiner Bemühungen mit zu berücksichtigen. Dasselbe gilt für den Ressourcenverbrauch. Wo gehobelt wird, da fallen Späne. Beim Bauen kann man schon mal über das Ziel hinausschießen. Zudem ist nicht alles, was ich baue, wert, dass es bewahrt wird. Wahrscheinlich werde ich mein ganzes Arbeitsleben um die rechte Balance von Bebauen und Bewahren ringen. Nicht alles ist übrigens erhaltenswert, was irgendwann einmal gebaut worden ist, sondern darf dann auch, wenn es sich überlebt hat, abgerissen und zerstört werden. Leider wird nicht selten etwas kaputt gemacht, bevor sein Sinn verstanden worden ist. Das ist traurig. Für Reue ist es dann zu spät.

Jedenfalls bin ich dankbar dafür, dass Gott mir beim Bauen und Bewahren etwas zutraut. Dass ich in seinem Auftrag tätig und aktiv werden darf. In meinem eigenen Auftrag weiß ich mich aber auch an meinen

ursprünglichen Auftraggeber rückgebunden und an
ihn verwiesen. Wertschöpfung und ökonomisches
Handeln sind im Sinne des Schöpfers, wenn es auch
nicht immer leicht ist zu wissen, wann bebauen und
wann bewahren an der Zeit ist und wie beides zugleich realisiert werden soll.

Herr Gott, Schöpfer der Welt,

wir danken dir für die Schönheit

und den Reichtum deiner Schöpfung.

Wir bitten dich,

dass wir das richtige Maß

von Bebauen und Bewahren

bei unserem wirtschaftlichen

Handeln finden.

Wir beten dich an als den Anfänger

und Vollender dieser Welt

und unseres Lebens.

Amen

13
Arbeit

Dann geht der Mensch hinaus an seine Arbeit und an sein Werk bis an den Abend. — Ps 104,23

„Ich bin dann auf der Arbeit", das sage ich zu Mitmenschen, die mich fragen, wo ich in der nächsten Woche anzutreffen sei. „Ich bin gerade bei der Arbeit" lautet die Auskunft, wenn jemand den Kopf zur Tür meines Arbeitszimmers hereinstreckt. Auf die Frage, was ich gerade tue, reicht die knappe Auskunft „ich arbeite gerade", um dem Frager zu signalisieren, dass ich für ihn jetzt eben keine Zeit habe.

Meine Arbeit und ich: Ich gestehe es, dass ich gern arbeite und dass ich viel arbeite. Meistens fühle ich mich gut dabei, viel Arbeit zu haben, denn anscheinend werde ich gebraucht. Im Allgemeinen gelingt es mir, den etwas unbescheidenen Satz nicht zu Ende zu denken: Wenn alle so arbeiten würden wie ich arbeite, dann … Ich habe es auch schon erlebt, dass ich zu viel gearbeitet habe und dann nachts nicht schlafen und abschalten konnte. Arbeit kann zu viel und Arbeit kann zur Droge werden. Trotzdem ist es schön, sich nach getaner Arbeit sagen zu können: „Da habe ich doch wieder einiges geschafft." Und noch besser ist es, von anderen für die erbrachte Arbeitsleistung Anerkennung zu bekommen.

Ich und meine Arbeit. Was bin ich, was ist meine Arbeit und wie hängt beides zusammen? Schwer zu sagen, aber ich gehöre auch zu den privilegierten Menschen, die ihre persönlichen Gaben und Neigungen in

ihrer Arbeit ausleben dürfen. Aber nur freiwillig tue ich mir meine Arbeit auch nicht an, denn ich muss arbeiten, um meinen Lebensunterhalt bestreiten und einmal eine auskömmliche Altersversorgung beanspruchen zu können. Und trotz selbstbestimmter Anteile bei der Arbeit bin ich weisungsgebundener Mitarbeiter einer großen Organisation und auch darauf angewiesen, dass meine Arbeit nachgefragt und weiterhin gewünscht wird. Arbeit und Kapital stehen in einem Spannungsverhältnis, da hat Karl Marx absolut recht.

Für die Bibel ist es völlig normal, dass Menschen arbeiten. Es gehört zur Lebensweise von Menschen dazu, dass sie arbeiten und durch ihre Arbeit sich selbst und die Ihren ernähren. Arbeit ist Teil der menschlichen Lebensweise. Arbeit ist der Alltag von Menschen, der am Morgen beginnt, bei nicht wenigen sehr früh, und am Abend endet, bei vielen sehr spät. Wenn die Arbeit Ausdruck meines Menschseins ist und ich meiner Arbeit das Profil meiner Persönlichkeit gebe, dann stellt sich folgende Frage: Was ist mit den Menschen, die nicht arbeiten oder die ihre Arbeit verloren haben? Was ist mit ihrem Menschsein? Arbeitslos kann doch niemals würdelos bedeuten!

Es dürfte deutlich sein, dass hier eine Grenze oder Zäsur ist. Denn möglicherweise ist die Arbeit das halbe Leben, aber das ganze Leben darf die beste Arbeit wohl doch nicht beanspruchen. Arbeit ist ein elementares Menschenrecht, aber die Menschenwürde darf niemals von unserer Arbeit abhängen. Solange ich selbst Arbeit habe, möchte ich gern meinen Beitrag leisten, dass andere auch Arbeit haben im Sinne von

Erwerbsarbeit. Ich bin meiner Frau dankbar, denn sie hilft mir, dass aus Arbeitslust nicht Arbeitswut wird. Aber einfach finde ich es nicht, da immer das richtige verträgliche Maß zu finden, denn es kommt ja nicht nur auf mich selbst an, sondern auf meinen Arbeit- bzw. Dienstgeber und auf mein Umfeld. Arbeit will in Angriff genommen und sie will auch zum Abschluss gebracht sein.

Herr Gott, Schöpfer der Welt,

ich danke dir,

dass ich allein für mich

und mit anderen zusammenarbeiten darf.

Ich bitte dich für alle,

die keine Arbeit

oder keine gute Arbeit haben:

Lass sie nicht verzweifeln und verbittern,

sondern lass sie

Hilfe und Neuanfänge erfahren.

Dich preise ich, dreieiniger Gott,

Anfänger und Vollender der Welt,

für die Gaben deiner Schöpfung,

hochgelobt seist du

in Ewigkeit.

Amen

14
Sabbat

Gedenke des Sabbattages, dass du ihn heiligst.
Sechs Tage sollst du arbeiten und alle deine Werke tun.
Aber am siebten Tage ist der Sabbat des Herrn, deines Got-
tes. Da sollst du keine Arbeit tun, auch nicht dein Sohn, dei-
ne Tochter, dein Knecht, deine Magd, dein Vieh, auch nicht
dein Fremdling, der in deiner Stadt lebt. Denn in sechs
Tagen hat der Herr Himmel und Erde gemacht und das Meer
und alles, was darinnen ist, und ruhte am siebenten Tage.
Dann segnete der Herr den Sabbattag und heiligte ihn.
— 2. Mose 20,8–11

Vergiss nicht zu ruhen, das bekommt man im Arbeitsleben weder von Kollegen noch von den Vertretern
der Leitungsebene gesagt. Vergiss nicht zu arbeiten,
das kann man schon eher einmal zu hören bekommen.
Vergiss nicht den Sabbattag zu heiligen, das ist Gottes Gebot. Der Sabbat als der siebte Tag der Woche
ist damit also keine zeitliche Verfügungsmasse für
den Arbeitnehmer selbst noch für Dienststellenleitun-
gen, wenn man nun das biblische Sabbatgebot auf
das Arbeitsleben anwendet. Der Sabbattag gehört
dem Schöpfer, der seinerseits schon darüber verfügt
hat. Am Sabbat ist Ruhe angesagt und zwar für alle.

Das Sabbatgebot begründet die Arbeit, die sechs Tage lang getan werden soll. Und zugleich begründet dieses Gebot den Sabbat als die Heiligung des siebten Tages. Durch Ruhe soll dieser Tag geheiligt werden. Niemand soll an diesem Tag arbeiten, ganz egal, welche Stellung in Familie und Gesellschaft jemand einnimmt.

Das Ruhegebot für den Sabbat beschränkt seine Gültigkeit nicht auf die israelitischen „Volksgenossen", sondern alle sollen ruhen, was Arbeitsmigranten mit einschließt. Vergiss nicht, diesen Tag des Sabbats zu heiligen durch Ruhen! Am siebten Tag ist heilige Ruhe angesagt. Offensichtlich bedurften Menschen schon immer dieser nachdrücklichen Erinnerung. Die meis-

ten Mitmenschen müssen nicht daran erinnert werden zu arbeiten. Denn Arbeiten und Geld verdienen sind eine Form der Selbstverwirklichung, die den allermeisten Menschen Spaß macht. Arbeit ist Mühe und Plage, die aber, sobald sie zu Ergebnissen und Erfolgen führt, als erfüllende Tätigkeit empfunden wird. In einer zunehmend digitalen Arbeitswelt kann man eigentlich immer und überall arbeiten. Unsere elektronischen Mitarbeiter halten uns zusätzlich gut auf Trapp. Arbeit kann insofern leicht zur Droge werden. Ich kenne Menschen, die so viel arbeiten, dass sie sich unwohl fühlen, wenn sie aus Versehen einmal gerade nichts zu arbeiten haben.

Stopp sagt da das Sabbatgebot. Die Zeit des siebenten Tages gehört nicht dir als Arbeitnehmer und auch nicht dir als Arbeitgeber. Der siebte Tag gehört Gott, der möchte, dass dieser Tag durch Ruhe geheiligt werde. Der siebte Tag steht im Besonderen und ausschließlich unter Gottes Verfügung. Das Ruhegebot des Sabbats wird nun nicht salutogenetisch begründet: Ruht, weil es gesund ist und euch guttut. Sondern ruht, weil Gott auch ruhte, nach sechs Tagen Schöpfungswerk. Die Ruhe Gottes ist es selbst, die die Sabbatruhe begründet. Weil Gott ruht, deshalb sollst du und soll auch ich ruhen. Ruhe ist folglich etwas Göttliches. Gotteserfahrung setzt Ruhe voraus. Nicht vergessen soll ich aber auch, dass die Welt, die mich umgibt, einschließlich meiner Arbeitswelt, Gottes Schöpfung ist und bleibt. Wenn Gott ruht, warum sollte ich nicht auch ruhen? Wenn Gott am Sabbat ruht, wer bin ich, dass ich meinte, auf die Sabbatruhe verzichten zu können? Geschäftigkeit im Ruheraum

Gottes ist ungehörig. Gedenke des Sabbattages: Berücksichtige, beachte den Sabbat und plane ihn ein! Das Sabbatgebot verzichtet auf den Konjunktiv und auf alle Überredungskünste: Der Sabbat ist zu heiligen durch heilige Ruhe und damit basta und fertig.

Herr Gott, Schöpfer der Welt,

wir danken dir

für das Geschenk der Sabbatruhe.

Wir bitten dich,

es möge uns gelingen,

in unserer arbeitsamen Zeitepoche

immer wieder zu geheiligter Ruhe zu finden.

Wir loben dich

als den Herrn und den Vollender

aller Zeit.

Amen

15

Dienst

Und dienet einander, ein jeder mit der Gabe,
die er empfangen hat, als die guten Haushalter
der mancherlei Gnade Gottes. — 1. Petr 4,10

Das Wort „Dienst" hat wohl für die meisten Zeitgenossen keinen begeisternden Klang. Wenn ich sage,
dass ich von dann bis dann Dienst habe, dann meine
ich: Die Pflicht ruft. Die alte Generation meinte den
Wehrdienst, wenn sie einen Jüngeren fragte: „Haben
Sie gedient?" Über das Pflichtmaß hinaus will kaum
jemand gerne anderen dienen oder gar irgendjeman-
des Diener sein. Denn die Dienstbereitschaft von
Menschen ist in der Geschichte nur zu oft ausgenutzt
und missbraucht worden.

In meiner Generation hatte stattdessen der Begriff
des Leitens Konjunktur. Viele fühlten sich zum Leiten
berufen und strebten eine „leitende Stellung" als
Führungskraft an und dies möglicherweise mit dem
Hintergedanken, keinesfalls ein Befehlsempfänger
sein zu müssen, sondern stattdessen ein Gestalter
sein zu können.

Der Verfasser des 1. Petrusbriefes empfiehlt uns,
nicht nur einander zu dienen, sondern er fordert uns

direktiv dazu auf. Von einer Beschränkung des Dienens auf das Privat- und das Familienleben ist keine
Rede. „Dienet einander" – macht das einfach und
zwar in allen Bezügen eures Lebens einschließlich

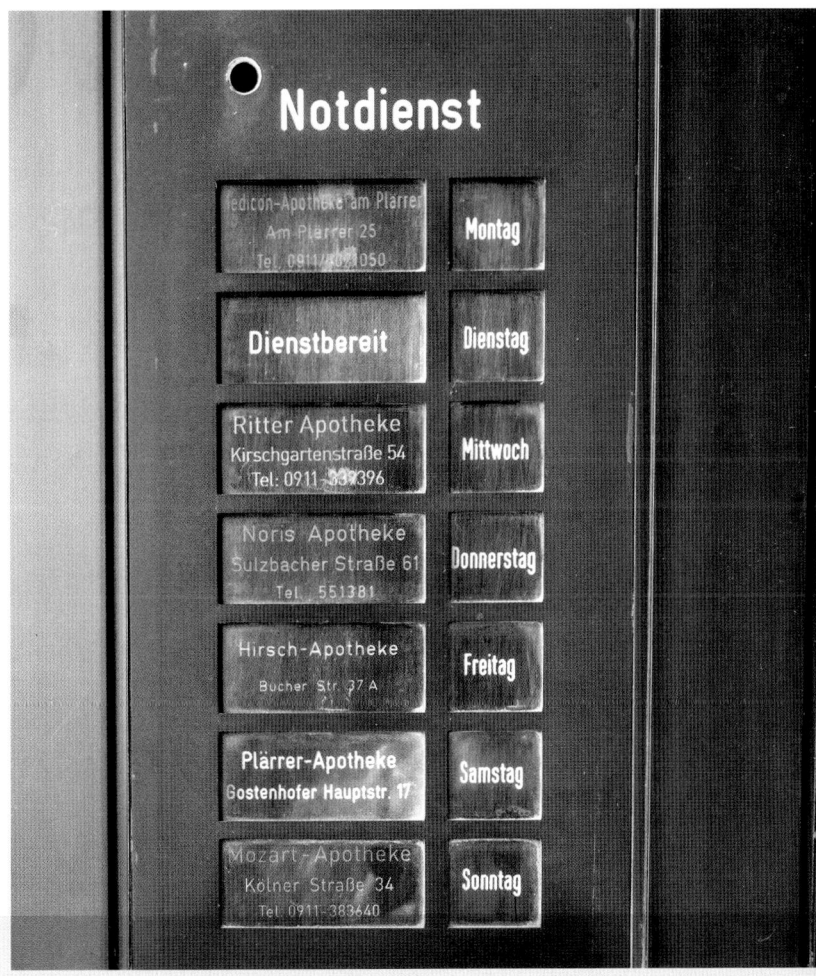

des Arbeitslebens. Was nach einer Überforderung klingt, erfährt dadurch eine Relativierung, dass das Einander-Dienen gabenorientiert näherbestimmt wird. Jeder von uns hat von seinem Schöpfer Gaben mitbekommen, und dies ganz offensichtlich nicht, um sie für sich selbst zu gebrauchen, sondern um sie in den Dienst der Mitmenschen zu stellen. Die Gaben, die uns als Persönlichkeiten auszeichnen, sind Gnadengaben Gottes. Sie sind unverdiente Geschenke, auf die wir keinen Anspruch haben. Diese Gnadengaben Gottes nicht zu horten oder sie verkümmern zu lassen, sondern sie nutzbar zu machen für unsere Mitmenschen und unser Umfeld, das ist gute Haushalterschaft im apostolischen Sinn.

Will ich mir diese Dienstanweisung so einfach ungefragt geben lassen? Sagen lasse ich mir das nur von dem, der zu Recht von sich sagt: „Ich aber bin unter euch wie ein Diener" (Lk 22,27). Seinen Dienst lasse ich mir besonders handgreiflich gefallen, wenn ich sein heiliges Mahl zu mir nehme. Sein Leib ist für mich gegeben und sein Blut ist für mich vergossen. Indem ich den Dienst Jesu Christi in Anspruch nehme und mir seinen Dienst gefallen lasse, erhalte ich Anteil an den Gnadengaben Gottes. Und dies nicht, um sie für mich zu behalten, sondern um damit ganz praktisch meinen Mitmenschen zu dienen.

Nun weiß ich, dass dieses Dienstverständnis in der Arbeitswelt zu leben ein anspruchsvolles Unterfangen ist, das immer wieder auch scheitern und ins Leere laufen wird. Aber das Dienstleistungsverständnis des Neuen Testaments wirkt auch identitätsstiftend, indem es mich an meine Mitmenschen verweist und indem es sie insgesamt aneinander weist in ein Verhältnis des wechselseitigen Dienens. Heilsam begrenzt diese Dienstordnung Gottes mein Machtstreben und meinen Führungsanspruch. Denn, was bin ich und was habe ich, was ich nicht geschenkt bekommen und empfangen hätte? Ich weiß, der Gedanke an ein Leben ohne Dienstschluss ist schwierig. Aber das Wissen, dass der Dienst Jesu Christi an mir nicht endet, wiederum ist tröstlich. Jeder Tag ist auf seine Weise ein „Dienst-Tag". Denn jeder Tag beinhaltet erneut die Möglichkeit und Notwendigkeit, sich wechselseitig einen Dienst zu tun. Und schön ist es, wenn es mir wieder einmal gelungen ist, einem oder einer anderen einen für ihn oder für sie hilfreichen Dienst zu erweisen.

Herr Jesus Christus,

wir danken dir dafür,

dass du in Wort und Sakrament

uns dienst.

Wir bitten dich,

dass wir uns deinen Dienst gefallen lassen

und mit unseren Gaben

anderen dienen.

Wir loben dich für die Gnadengaben,

mit denen du

unter uns wirksam bist.

Amen

16

Armut

*Schaffet Recht dem Armen und der Waise und
helft dem Elenden und Bedürftigen zum Recht.* – Ps 82,3

Wie fühlt es sich an, arm zu sein? Die meisten Arbeitnehmer und Berufstätigen in der Bundesrepublik Deutschland, ja in ganz Westeuropa, wissen nicht aus eigenem Erleben, wie sich Armut anfühlt. Gewohnt sind wir das Leben in einem reichen Land. Arme sind für sehr viele bundesdeutsche Mitbürger und Mitbürgerinnen vermutlich ferne andere am Rande unserer Gesellschaft und in der weit entfernten Dritten Welt. In einem Land mit einer breiten Mittel- und Oberschicht kennt sicher nicht jeder einen Armen oder Bedürftigen persönlich. Dadurch wird Armut anonym.

Allerdings ist in den letzten Jahren die Armut vor allem in den großen städtischen Zentren wieder deutlicher sichtbar geworden: Auf den Bahnhöfen, in Fußgängerzonen, an U-Bahn-Schächten sitzen Bettler. In einer Zeit des Massentourismus in alle Teile der Welt wird den Besuchern von Ländern der südlichen Erdhalbkugel die Not und die Bedürftigkeit breiter Massen nicht verborgen bleiben. Trotzdem kommen das Thema und der Problemkreis Armut in der Medienberichterstattung höchstens am Rande vor. Arme sind nicht im Vordergrund des Bewusstseins. Arme werden leicht übersehen und schnell wieder vergessen. Wichtig in dieser Welt sind Menschen, die eben gerade nicht arm sind. Sie verstehen es, ihre eigenen Interessen zu vertreten und sich Wahrnehmung zu verschaffen.

Die Bibel weist uns mit dem größten denkbaren Nachdruck auf die Armen hin. Ja, noch viel mehr: Arme und Bedürftige haben ein Anrecht darauf, dass ihnen zu ihrem Recht verholfen wird. Alles wirtschaftliche und politische Handeln müsste auf die Bedürfnisse von Armen abgestellt sein, wenn wir die Bibel als verbindliche Grundlage christlichen Glaubens ernst nehmen wollten.

Armut hat viele Gesichter. Für Armut gibt es viele Gründe. Selbst schuld, dieses vernichtende Urteil schwingt häufig mit, wenn in einer Leistungsgesellschaft von Armen die Rede ist. Aus der Bibel kann ich nicht herauslesen, dass nach Gründen für Armut gefragt wird oder dass die Armenfürsorge an Bedingungen geknüpft wird. Nicht einmal von Hilfe zur Selbsthilfe ist die Rede. Stattdessen heißt es: „Schaffe Recht dem Armen." Armut ist Unrecht. Armut ist dadurch zu bekämpfen, dass Armen ihr Recht zugestanden wird. Es geht nicht um Almosen, sondern um Rechte. Alle Menschen haben ein Recht auf die gleichen elementaren Grundlagen für ein auskömmliches Leben. „Rechte statt Reste" heißt eine mir sehr wichtige Kampagne verschiedener kirchlicher und gewerkschaftlicher Organisationen zur Überwindung von Armut in unserem reichen Land. Geschöpfe Gottes können sich nicht damit abfinden, dass es Arme und Bedürftige im eigenen Land und in der weiten Welt gibt, denen das Nötigste zum Leben fehlt: Nahrung, sauberes Wasser, Wohnraum, Bildung, Gesundheitsfürsorge, Lebenschancen usw. Christen sind Anwältinnen und Anwälte für die Rechte von Armen und Bedürftigen, weil diese Mitgeschöpfe sind. Christen vergessen die Armen nicht. Sie schaffen und helfen, weil sie an einen Gott glauben, der selbst schafft und hilft. Christen übersehen und vor allem sie verachten Arme nicht. Gottes Wille ist in der Frage der Armut denkbar klar. Armut kann auch nicht einfach und bequem an einen Staat oder an die Gesellschaft delegiert werden. Ich selbst bin angesprochen: Schaffe Recht dem Armen und hilf dem Bedürftigen! Und dies nicht nur in der Theorie, sondern in der veränderten Praxis.

Herr unser Gott,

wir danken dir,

dass du uns schenkst,

was wir zum Leben brauchen.

Wir bitten dich,

dass wir von dir lernen

und die Armen und Bedürftigen

nicht vergessen oder übersehen,

sondern ihnen zu ihrem Recht verhelfen.

Wir loben dich,

Schöpfer der Welt,

für den Reichtum deiner Schöpfung.

Amen

17
Nächstenliebe

„Du sollst den Herrn, deinen Gott, lieben von ganzem Herzen, von ganzer Seele und von ganzem Gemüt." – 5. Mose 6,5 Dies ist das höchste und erste Gebot. Das andere aber ist dem gleich: „Du sollst deinen Nächsten lieben wie dich selbst." – 5. Mose 19,18 In diesen beiden Geboten hängt das ganze Gesetz und die Propheten. – Mt 22,37 ff.

Die Arbeitswelt ist keine ideale Welt der Harmonie. Selbst in Betrieben oder Einrichtungen mit einem nachweislich guten Betriebsklima ist das Miteinander von Mitarbeitenden häufig durch Konkurrenz, Wettbewerb und Rivalitäten geprägt. Das Verhältnis von Kollegen untereinander ist unterschiedlich und gegensätzlich: Vertrauen und Misstrauen, Sympathie und Antipathie, Interesse und Desinteresse wechseln sich ab. Vor Konflikten und Mobbing ist niemand gefeit. Aber auch Kollegialität und Freundschaft kann man „auf der Arbeit" erleben. Nicht wenige Paare haben sich „bei der Arbeit" kennengelernt. Allen positiven Erfahrungen zum Trotz empfiehlt es sich, ein Arbeitsleben lang auf der Hut zu sein. Auch ein gutes Betriebsklima kann schnell kippen, weil wir Menschen eben sind, wie wir sind.

Und wo kann nun in der Arbeitswelt die Gottesliebe gelebt und Nächstenliebe praktiziert werden? Wie kann ich in meinen Arbeitsabläufen, die meine ganze Konzentration erfordern, die Liebe und Ehrfurcht Gottes einbauen und berücksichtigen? Und wie kann ich mich meinen Kollegen in Nächstenliebe zuwenden?

Verdienen auch mein schwieriger Kollege und meine komplizierte Kollegin meine Nächstenliebe? Kann ich auf Erwiderung von Nächstenliebe hoffen? Ist ein Arbeitsplatz nicht einfach auch ein nüchterner Ort, an dem man kollegiale Beziehungen möglichst sachbezogen gestalten sollte?

Hinter den gestellten Fragen stehen berechtigte Bedenken gegen eine romantisch verklärte Sicht des Berufslebens, die man nicht so leicht entkräften kann. Trotzdem wollen diese beiden Fundamentalgebote in der so anderen und häufig eher lieblosen Arbeitswelt zur Geltung gebracht werden. Denn das Gebot der Gottesliebe bewahrt vor einer Überhöhung meiner Arbeitsleistung, was auch für mich selbst hilfreich ist. Ich bin schließlich zu meinem Heil eben gerade nicht Gott. Und meine Firma bzw. meine Einrichtung oder Arbeitsstelle sind auch nicht der Herrgott. Vielleicht gelingt es mir, doch immer wieder einmal bei der Arbeit aufzublicken und mir zumindest selbst vorzusagen: „Ehre sei Gott in der Höhe!"

Das Gebot der Nächstenliebe ist wirklich ein harter Brocken. Möglicherweise vermag es aber mein Konkurrenz- und Antipathieverhältnis gegenüber bestimmten Kollegen zu verändern, wenn ich es mir kontrafaktisch immer wieder sagen und gesagt sein lasse: Du sollst ihn/sie lieben wie dich selbst! Dabei ist bereits die Selbstliebe keine einfache Hürde. Denn nicht immer gelingt es mir, mit mir selbst im Einklang zu sein und mich mit meinen Grenzen anzunehmen. Gerne wäre ich auch im Arbeitsleben noch besser, schneller und erfolgreicher als ich es eben bin. Aber wenn Gott mich doch liebt, so wie ich bin, warum sollte ich mich selbst nicht annehmen und lieben können? Und mein Nächster ist ein Mensch wie ich, mit Licht- und Schattenseiten, und dennoch gilt ihm die Liebe Gottes. Wie sollte ich ihm da die Nächstenliebe vorenthalten können?

Nächstenliebe in der Arbeitswelt – welch ein Kontrast? Täglich möchte ich es erneut versuchen, darum zu ringen. Jede Minute beinhaltet die Gelegenheit, Gott die Ehre zu geben und mich meinem Nächsten in Nächstenliebe zuzuwenden. Weil die Arbeitswelt die Welt Gottes ist, deshalb können wir sie nicht der Gottlosigkeit und Lieblosigkeit überlassen. Ich möchte deshalb Arbeits- und Berufswelt als Experimentierfeld der Liebe Gottes verstehen. Vielleicht gelingt es doch noch und immer wieder: Gott zu lieben und den Nächsten.

Herr Gott im Himmel,

ich danke dir für meine Nächsten,

mit denen ich lebe und arbeite.

Und ich bitte dich:

Lass es mir immer besser gelingen

ihnen in Liebe zu begegnen.

Dich, mein Herr und Gott, verehre ich

als den Schöpfer und Vollender

allen Lebens.

Amen

18
Vielfalt

Es sind verschiedene Gaben; aber es ist ein Geist.
Und es sind verschiedene Ämter; aber es ist ein Herr.
Und es sind verschiedene Kräfte; aber es ist ein Gott,
der da wirkt alles in allen. – 1. Kor 12,4-6

Vielfalt und Einheit – wie wunderbar ist dies doch, wenn dieser Zusammenklang gelingt. Und wie kompliziert ist es immer wieder, die damit angesprochene Spannung auszuhalten und auszugleichen. Jeden Tag ist es aufs Neue erforderlich, in arbeitsweltlichen Zusammenhängen die rechte Balance zu finden zwischen Vielfalt und Einheit.

Vielfalt ist bekanntlich anstrengend. In einem multikulturellen und multireligiösen Land gilt es, in global agierenden Unternehmen krasse Gegensätze zu integrieren. Unterschiedlich sind die Ausbildungswege, die Mentalitäten, die Interessenlagen und die Marktchancen von Mitarbeitenden und Unternehmen. Nur zu leicht wird aus Vielfalt Fremdheit. Und nur zu leicht kommt die Integrationsfähigkeit von Leitungen und Mitarbeitervertretungen an ihre Grenzen. Kulturelle Vielfalt findet häufig in sprachlichen Verständigungsschwierigkeiten ihren alltagspraktischen Ausdruck.

Der Apostel Paulus hat offensichtlich einen positiven Pluralitätsbegriff. Denn als unterschiedlich werden herausgestellt „Gaben", „Ämter" und „Kräfte". Gaben sind Gnadengaben. Ämter sind Vertrauensstellungen. Kräfte sind dynamische Lebensregungen. Gaben, Ämter und Kräfte müssen und dürfen verschieden sein, wenn Arbeitsprozesse vorangehen und Wertschöpfung generiert werden soll. Die Vielfalt an Gaben, Ämtern und Kräften ist ein Reichtum, der umfassend gebraucht wird. Vielfalt ist die Signatur des Schöpfers selbst. Gott selbst ist als Vater, Sohn und Heiliger Geist in sich und aus sich heraus bewegte Vielfalt. Ein Geist, ein Herr, ein Gott – dies alles gilt sicher auch für die Arbeitswelt, aber wie wird das sichtbar und erfahrbar?

Die Einheit, die Gott selbst ist und wirkt, indem er alle Vielfalt übersteigt und integriert, wird im Berufsleben in ihrer Vielgestaltigkeit nicht so ohne Weiteres sichtbar und erfahrbar. Aber die Einheit in Gott bildet die über dieses arbeitsame, irdische Leben hinausgehende große Verheißung. Die christliche Hoffnung auf die Integration aller Gegensätze in Gott selbst ist damit angesprochen, von der an jedem Arbeitstag da und dort etwas sichtbar und erfahrbar werden kann.

Die Vielfalt ist nicht zu übersehen, aber die Einheit ist nicht zu überhören, wenn ich mir die Zeit schenken lasse, dem Wort Gottes hinterher zu lauschen. Paulus bezeugt und verkündigt einen Gott, der ist und der wirkt. In der Wirtschaft und im Arbeitsleben geht es vordergründig darum, was vorhandene Menschen tun und bewirken. Insofern bleibt die Rede von Gott in wirtschaftlichen Zusammenhängen zunächst einmal ein fremdes und ein widerständiges Wort, weil sie zum Ausdruck bringt, dass Menschen es nicht allein sind, die wirksam werden, sondern dass Gott überall ist und jederzeit wirkt.

Insofern möchte ich mich freuen an der Vielfalt der Schöpfung und hoffen auf die Einheit, die in Gott schon gegeben ist und auf die wir alle zugehen. Gaben, Ämter und Kräfte sind mannigfaltig im Berufsleben am Werk. Mit Gottes Hilfe hoffe ich, immer besser wahrnehmen zu lernen, was Gottes Gaben und was des Menschen Auftrag ist. Gerne möchte ich die in Gott gegebene Einheit erkennen und die von ihm geschenkte Vielfalt wertschätzen. Das Vertrauen auf die Wirksamkeit Gottes möge mich vor eigener unreflektierter Hyperaktivität bewahren!

Herr Gott, Schöpfer der Welt,

wir danken dir für die Vielfalt

und die Schönheit deines Schöpfungswerks.

Wir bitten dich,

lass dich von uns als in unserem Leben wirksam erfahren.

Wir loben dich und beten dich an

als den dreieinigen Gott,

Vater, Sohn und Heiligen Geist.

Amen

19

Ökonomie

Wenn der Herr nicht das Haus baut, so arbeiten umsonst, die daran bauen. – Ps 127,1

Gott baut. Gott arbeitet. Gott wirtschaftet. Der Dichter des 127. Psalms verortet Gott in der Arbeitswelt und im alltäglichen Leben. Gott ist ein Ökonom. Diese ökonomische Rede von Gott steht in einem deutlichen Kontrast zu einer rein philosophischen, metaphysischen und spekulativen Gottesvorstellung, die Gott in ein Jenseits verbannt oder ihn auf eine Denkhypothese bzw. Sprachfigur reduziert. Gott ist in dieser Welt aktiv und wirksam – das ist das Bekenntnis dieses Psalms. Die Welt ist nicht nur Gottes Schöpfung, die irgendwann in grauer Vorzeit einmal erfolgte, sondern in der Welt, in alltäglichen Zusammenhängen, in den wirtschaftlichen Herausforderungen ist mit Gott, dem Ökonomen, zu rechnen.

Der Hausbau ist ein urmenschliches Bedürfnis. Denn ein Haus bietet Schutz vor Wind und Wetter. Ein Haus schafft Zusammenhalt und Gemeinschaft. Diejenigen, die gemeinsam im selben Haus wohnen, gehören von vornherein zusammen. Die Hausgemeinschaft bildet eine wirtschaftliche Einheit. Mit der Zugehörigkeit

sind Dienste verbunden, die die Gemeinschaft untereinander aufzuteilen hat.

Häuser fallen nicht vom Himmel. Häuser müssen gebaut und finanziert werden. Ein Hausbau ist eine kräftezehrende und zeitaufwendige Angelegenheit. Hausbau macht aber auch Spaß. Wenn ein Haus erst steht, dann freuen sich alle, die am Hausbau beteiligt waren.

Häuser werden von Menschen und für Menschen gebaut. Dieser selbstverständlichen Übereinkunft widerspricht der 127. Psalm. Bauen und Arbeiten ist kein exklusives Vorrecht des Menschen, weil Gott auch baut und wirtschaftet. Wie kann ich das Bauen und Wirtschaften Gottes wahrnehmen und nachvollziehen? Ich sehe doch eigentlich ausschließlich Menschen bauen und wirtschaften?

Wahrnehmen, nachvollziehen und sehen kann ich den Segen Gottes. Wenn Gott seinen Segen zu unserem Bauen und Wirtschaften gibt, dann führt unser Hausbau zu einem guten und gelingenden Leben. Was nützt das schönste Haus, wenn in ihm der Haussegen schief hängt? Und allein gelingt es uns Menschen häufig nicht, mit unseren Mitmenschen auszukommen. Gott muss seinen Segen dazu geben, dass unsere menschlichen Bemühungen und Beziehungen gelingen. Ein Hausbau an sich ist noch kein Erfolg. Ein Hausbau kann ein nutzloser Flächenverbrauch sein. Nur wenn sich Gott selbst unsere Anstrengungen segnend aneignet, dann wird unsere Bautätigkeit dem Leben und der Gemeinschaft dienen. Ohne Gottes Segen ist alles umsonst. Vergeblich plagen sich Menschen, die meinen, auf den Segen Gottes verzichten zu können.

Der 127. Psalm stellt eine anthropologische Zumutung dar. Denn er relativiert alles menschliche Handeln und postuliert das Handeln Gottes in der Welt. Schonungslos wird mir mein Angewiesensein auf Gottes Gnade vor Augen geführt. Allein wird es nichts! Umsonst mag ich gar nicht arbeiten. Vergeblichkeit ist keine sinnvolle Option, die ich mir leisten möchte. Bauen und Arbeiten sind nur dann schön, wenn sie zu einem sichtbaren Erfolg führen. Gott scheint aber Wert darauf zu legen, dass mein Erfolg unser Erfolg wird. Gottes Ökonomie schließt alle und alles ein.

Herr Gott, himmlischer Vater,

wir danken dir,

dass du dich deiner Geschöpfe annimmst.

Wir bitten dich, lehre uns erkennen,

was wir tun sollen

und segne all unsere Bemühungen.

Wir loben und preisen dich

als den Schöpfer, den Versöhner

und den Vollender dieser Welt.

Amen

20
Gott

Ich bin der Herr, dein Gott, der ich dich aus Ägyptenland, aus der Knechtschaft, geführt habe. Du sollst keine anderen Götter haben neben mir. — 2. Mose 20,2f.

Gott ist Gott. Er ist der Schöpfer und Vollender dieser Welt, deshalb ist er auch der Herr dieser Welt, was die Arbeitswelt bis hin zu meinem eigenen Arbeitsplatz mit einschließt. Als Herr dieser Welt ist er mir mein Gott, der Anfänger und Vollender auch meines eigenen Lebens.

Gott ist der Herr. Das ist in arbeitsweltlichen Zusammenhängen eine starke Aussage. Denn die meisten Arbeitsplätze sind eingebunden in streng hierarchisch strukturierte Organisationen. Es gibt Chefs und Vorstände, Leiter und Prokuristen usw. Und wenn der Chef eine Frau ist, dann ändert dies noch nichts an der hierarchischen Struktur von Einrichtungen und Betrieben. Ein klares Oben und Unten kann das Arbeiten leichter machen oder es kann zu untragbaren Zuständen der Unterdrückung und Gängelung führen. Dienstanweisungen und Dienstordnungen des Dienstherrn bzw. der Dienstherrin legen gewöhnlich die Spielregeln fest, nach denen die Arbeitsleistung zu erbringen ist. Hierarchische Strukturen prägen das

Bewusstsein von Führungskräften und Untergebenen. Sie können eine solch prägende Kraft entfalten, dass sich Chefs manchmal tatsächlich für die Herren ihrer Mitarbeitenden im umfassenden Sinne halten. Und sie können auch auf Mitarbeitende so wirken, als seien sie tatsächlich ihre Herren. Der Chef als kleiner oder sogar als großer Herrgott?

Gott ist der Herr. Mit diesem Basissatz des biblischen Glaubens werden arbeitsweltliche Hierarchien relativiert und konterkariert. Kein Chef und keine Chefin ist ein Herrgott, sondern ein fehlbarer und sterblicher Mensch wie sein oder ihr Untergebener bzw. Mitarbeiter eben auch. Alle Hierarchien der Arbeitswelt haben höchstens eine arbeitsorganisatorisch vorläufige und begrenzte Gültigkeit und Bedeutung.

Gott ist der Chef meines Lebens, deshalb dürfen alle menschlichen Chefs nur in einer sehr vorläufigen Weise Machtworte sprechen und Regeln setzen. Das Gebot Gottes führt uns aus der Knechtschaft hierarchischer Strukturen. Gott ist frei von den Reglements und Zwängen dieser Welt und Gott macht auch uns zu freien Geschöpfen. Er befreit uns zum aufrechten Gang durch unser Arbeits- und Berufsleben.

Aber Gott gibt uns auch ein Fundamentalkriterium an die Hand, mit dem wir prüfen können und prüfen sollen, was uns gerade auch in arbeitsweltlichen Zusammenhängen widerfährt. Gott ist Gott und alles andere ist eben nicht Gott, sondern es sind höchstens anmaßende falsche Götter. Die arbeitsweltlichen Götzen sind allgemein bekannt: Leistung, Erfolg, Gewinn,

Wirtschaftlichkeit, Karriere, Geld, Geltung, Beliebtheit, Bekanntheit usw.

Nach meiner Erfahrung ist es bestimmt nicht verkehrt, sich gerade am Arbeitsplatz in regelmäßigen Abständen selbstkritisch zu befragen: Wer ist mein Gott? Laufe ich Gefahr, zum Götzendiener oder zur Götzendienerin zu werden? Gehe ich mit den Hierarchien und Reglements im Arbeitsleben so um, dass klar ist, dass es sich stets um menschliches und nicht um göttliches Recht handelt? Was bedeutet es für meinen Arbeitsalltag, Gott allein die Ehre zu geben? Wenn Gott mir sein großes „Ich bin" zusagt, dann brauche ich mein Ego nicht ständig in den Vordergrund zu drängen. Dann reiht sich mein vergleichsweise kleines Ich hinter dem großen Ich Gottes ein. Welche Befreiung ist dies doch für mich selbst und für mein Arbeitsumfeld.

Herr Gott, himmlischer Vater,

ich danke dir, dass du

der Schöpfer der Welt und der Herr

allen Lebens bist. Und ich bitte dich,

lass mich spüren, dass du diese Welt

und auch mein Leben

in deinen Vaterhänden hältst.

Dich lobe ich und verehre dich

als den Anfänger, den Gestalter

und den Vollender allen Lebens.

Amen

21

Erneuerung

Und stellt euch nicht dieser Welt gleich, sondern ändert euch durch Erneuerung eures Sinnes, auf dass ihr prüfen könnt, was Gottes Wille ist, nämlich das Gute und Wohlgefällige und Vollkommene. — Röm 12,2

In der Arbeits- und Berufswelt ist das Streben nach Innovation der Normalfall. Nichts darf so bleiben, wie es immer war. Jeder Wechsel an der Spitze eines Unternehmens zieht immer Änderungen und Erneuerungen für die Mitarbeiterschaft nach sich. Stillstand kann sich niemand leisten. Das Tempo von Innovation und Veränderung hat durch die Digitalisierung noch einmal rasant zugenommen. Bisherige Arbeitsweisen passen teilweise wirklich nicht mehr in die Zeit. Aber in diesem vielerorts anzutreffenden Innovationsfieber gehen auch bewährte Arbeitsformen und sinnvolle Strukturen verloren, weil sie schlicht von der nachrückenden Generation nicht mehr verstanden werden. „So wie du bist, kannst du nicht bleiben", so kommt diese verbreitete Erneuerungssucht wenig wertschätzend bei vielen Mitarbeitenden an. Dabei sind es noch immer Menschen, die arbeiten. Wir alle möchten nun einmal in unserem Personsein akzeptiert und vielleicht sogar als Menschen ein bisschen gemocht werden. Wo bleibt künftig die persönliche Note, mit der ich bisher meine Aufgaben erledigt habe? Bin ich nun nur noch als anonymer Leistungserbringer und nicht mehr als Mensch gefragt?

Der Apostel Paulus redet in seinem Brief an die Römer den Beharrungskräften des Menschen einschließlich seiner Traditionsverhaftung gerade nicht das Wort, sondern mahnt Änderung und Erneuerung an. Allerdings nun nicht so wie alle Welt: Keine Erneuerung um der Erneuerung und einer allgemeinen Modernität willen, sondern eine Erneuerung durch Gottes Willen und ausgerichtet auf den Willen Gottes. Erneuerung an sich ist überhaupt nicht verwerflich,

wenn es sich nicht vorrangig um einen selbstgemachten Egotrip handelt.

Jeder Tag im Arbeitsleben beinhaltet mehrfach die Möglichkeit und die Notwendigkeit abzuwägen und zu prüfen: Was ist hier und jetzt genau Gottes Wille? Häufig finde ich es schwer, dies allein für mich herauszufinden. Was will Gott von mir? Nachdem ich nun schon länger auf meiner derzeitigen Stelle eingesetzt bin, habe ich inzwischen Kolleginnen und Kollegen, mit denen ich genau dies besprechen kann: Was ist bei dieser Personalentscheidung das Gute für den Bewerber und unsere Belegschaft? Was ist das im Geist des Evangeliums Wohlgefällige im Einsatz unserer finanziellen Mittel? Was ist das Vollkommene für unsere Umwelt und unsere Gesellschaft bei der Erfüllung unseres Auftrags?

Wenn ich mir solche Fragen täglich neu stelle, dann werden Änderungen und Neuerungen nicht unterbleiben: Aber Gott muss da dabei sein. Geht es doch bei all unserem Tun und Lassen hoffentlich nicht vordergründig darum, unserem Umfeld zu imponieren und es somit der Welt gleich zu tun. Denn die Moden dieser Welt kommen und gehen. Der Herr dieser Welt aber bleibt. Von ihm haben wir diesen Prüfauftrag, täglich zu fragen und stündlich zu streben nach dem Guten, Wohlgefälligen und Vollkommenen.

Gott unser Vater, du Herr dieser Welt,

wir danken dir, dass du diese Welt

immer wieder erneuerst.

Dich bitten wir, erneuere jeden Einzelnen

und jede Einzelne von uns und zeige uns

deinen Willen, dass wir ihm

in unserem Leben entsprechen können.

Sei gelobt und gepriesen ewiger Gott,

der du der Gute, der Wohlgefällige

und Vollkommene für uns

sein und bleiben willst.

Amen

22

Geld

Ihr könnt nicht Gott dienen und dem Mammon. – Mt 6,24

Was bedeutet uns das Geld? In meinem nun inzwischen schon verhältnismäßig langen Leben erlebte ich eine grundlegende Veränderung der allgemeinen Haltung zum Geld. In meiner Jugend war im Nachgang zu den 1968er Jahren eine kritische Haltung zum Geld verbreitet. Als junge Menschen haben meine Klassenkameraden und ich reiche Menschen mit Skepsis betrachtet, da wir es nicht für ausgeschlossen hielten, dass sie sich ihr vieles Geld durch Ausbeutung und Unterdrückung anderer Menschen beschafft hatten. In den stärker neoliberal auf die New Economy ausgerichteten 1990er Jahren nahm ich als Studierendenpfarrer an der Universität manche jungen Menschen wahr, die es für erstrebenswert und als legitimen Bestandteil ihrer Lebensplanung empfanden, einmal viel Geld zu verdienen.

Geld stinkt oder Geld adelt – diese gegenläufigen Bewertungen des Geldes erlebte ich selbst bereits in meiner eigenen begrenzten Lebenszeit. Und ganz ehrlich: Auch ich selbst habe doch letztlich eine zwiespältige Haltung zum Geld. Es belastet einerseits mein Gewissen, dass ich persönlich über so viel mehr

Geld verfüge als beispielsweise Menschen in Afrika. Gleichzeitig bin ich andererseits dankbar dafür, dass ich ohne großes Überlegen kaufen kann, was ich für erforderlich halte, und dass ich mit meinem Geld auch noch anderen gelegentlich etwas helfen kann. Ich weiß, dass ich mich in einer unverdient privilegierten Situation befinde und mir über das Geld wenig Gedanken machen muss. Mehr Geld möchte ich aber lieber nicht haben. Zudem habe ich gelernt, dass alles, was mir im Leben wirklich wichtig ist, nicht für Geld zu haben ist: Gesundheit, Liebe, Vertrauen, Freundschaft, gutes Wetter und schöne Zeiten.

Geld ist das Gegenteil von harmlos. Es kann eine Droge sein, die einen Menschen in den Griff bekommen

und umfassend bestimmen will. Das wäre dann der
Fall, wenn viel Geld zu verdienen mein alles beherr-
schendes Lebensziel wäre und wenn ich bei allem,
was ich täte, darauf abzielte, dass es sich rechne.
Dann wäre das Geld mein Gott. Für mich persönlich
kann ich dies bisher ausschließen. Aber wie ist das
im Wirtschaftsleben, an dem ich als Bürger teilhabe?
Ist nicht die Rentabilität, also die Frage des Geldes,
das Fundamentalkriterium allen wirtschaftlichen Handelns? Ist der Mammonismus damit nicht doch die
Staatsreligion? Ich möchte dieser kritischen Anfrage
des Glaubens an mein und an unser aller Handeln
nicht ausweichen, sondern sie zumindest stellen und
in meinem Herzen und Gewissen nachhallen lassen.
Ganz persönlich betroffen und herausgefordert fühle
ich mich dadurch, dass Jesus klarstellt: Beides geht
nicht. Gott und Mammon sind sich wechselseitig aus-
schließende Alternativen. Ich selbst möchte hingegen
in vielen Entscheidungssituationen gerne Gegensätze
ausbalancieren und Unterschiedlichem Rechnung tragen. Menschlich ist diese Neigung wohl durchaus
nachvollziehbar. Jesus lehrt mich jedoch: Der Umgang
mit Geld ist eine Frage des Gottesglaubens. Es geht
darum: Woher nehme ich die Kriterien meines Handelns? Jesus bringt das 1. Gebot mit seinem Dictum
in der Arbeitswelt und in wirtschaftlichen Zusammenhängen zur Geltung. Damit fordert er von seinen
Anhängern und Anhängerinnen eine Entscheidung
heraus. Gott oder Mammon, das ist hier die Frage.
Da gibt es kein Ausweichen.

Herr Gott, himmlischer Vater,

wir danken dir, dass du der Herr dieser Welt

und unseres Lebens sein und bleiben willst.

Wir bitten dich,

dass wir es immer besser lernen,

uns in den alltäglichen Entscheidungen

unseres Berufs- und Privatlebens

an deinen Geboten auszurichten.

Dich, unser Gott, verehren wir als den Urgrund

und die Quelle allen Lebens

auf dieser Welt.

Amen

Zeit

*Ich aber, Herr, hoffe auf dich und spreche: Du bist mein
Gott! Meine Zeit steht in deinen Händen. — Ps 31,15 f.*

Ein Arbeitstag kann sehr lang sein. Wenn ich meine
Arbeit gerade als eintönig erlebe, dann ertappe ich
mich immer wieder beim Blick auf meine Uhr: Wenn
doch dieser Tag bald vorüber wäre! Oder wenn ich
doch zumindest meinen Arbeitsplatz bald in Richtung
Heimat verlassen dürfte! Und irgendwann kommt
dann auch der ersehnte Feierabend. Ganz anders,
wenn ich ein Projekt, meistens mit Kollegen gemeinsam, in Bearbeitung habe, das mich fasziniert und in-
spiriert, dann läuft mir die Zeit davon. Die Arbeitszeit
verfliegt so schnell, dass ich mir irgendwann die
Augen reibe: Ist es jetzt schon vorbei, wo es gerade
spannend wird?

Sowohl im Berufs- als auch im Privatleben wird die
Zeit sehr gegensätzlich erlebt: Einmal ist die Zeit im
Überfluss vorhanden und ein andermal wird sie als
Mangelware empfunden. Man bekommt sie so schlecht
in den Griff, die Zeit. Meistens hat sie einen im Griff.

Im Arbeitsleben bekommt die Zeit noch einmal eine
ganz andere, nämlich eine ökonomische Bedeutung.

Für Arbeitnehmer ist die Arbeitszeit eine verkaufte Zeit. Gegen Arbeitslohn stellen sie dem Arbeitgeber für die bezahlte Arbeitszeit ihre Arbeitskraft zur Verfügung. Für den Arbeitgeber bzw. Arbeitgebervertreter ist die Arbeitszeit „seiner" Arbeitnehmer die gekaufte Zeit. Der Arbeitgeber nimmt Firmenkapital in die Hand, um sich Arbeitszeit, die er für die Erledigung von Aufgaben/Aufträgen braucht, einzukaufen. Es findet also ein Tausch statt: Zeit gegen Geld. Wem gehört nun die Zeit?

Wenn ich mich der biblischen Überlieferung anvertraue, dann ist die Antwort auf diese Frage einfach und klar: Die Zeit gehört weder dem Arbeitnehmer noch dem Arbeitgeber. Die Zeit ist in jedem Fall geliehene Zeit. Denn Gott als der Schöpfer dieser Welt ist der Herr der Zeit. Diese Aussage bzw. dieses Bekenntnis geht einem im Gottesdienst der Gemeinde ganz leicht und völlig selbstverständlich über die Lippen – fast wie eine Banalität. Dieses Bekenntnis in der Welt der Arbeit auszusprechen ist hingegen verwegen bis deplatziert. Da, wo Arbeitnehmer ein- und ausstempeln, um im beidseitigen, wenn auch gegenläufigen Interesse die Zeit in den Griff zu kriegen, klingt dieser Glaubenssatz seltsam fremd. Zeiterfassung der getakteten Zeit, das ist im Berufsleben von größter Bedeutung und hat verpflichtenden Charakter. Ein ausgeklügeltes Arbeitsrecht schützt und begrenzt die Arbeitszeit. Aber kein Arbeitsrechtler kann erklären, woher die Zeit kommt und wohin sie geht. Lange vor Arbeitsbeginn war die Zeit schon da, um dann mit einem Mal für immer in einem Menschenleben einfach weg und vorbei zu sein, denn alle Zeit ist endlich. Wir haben und wir bekommen sie nicht in den Griff, die Zeit, auch wenn wir aufwendige moderne Zeitplanungsinstrumente dafür verwenden. Meine jüngeren Kollegen planen sogenannte „Zeitfenster" für bestimmte Aufgaben ein. Hoffentlich werden diese Zeitfenster nicht durch einen Windstoß mit einem Mal zugeworfen!

Gerne möchte ich mir das biblische Bekenntnis zum Herrn der Zeit aneignen und es mitsprechen. Denn es kündet von der Hoffnung, dass die Zeit nicht einfach so verrinnt, sondern in Gottes Händen steht.

Herr unser Gott,

wir danken dir für die Zeit,

die du uns schenkst.

Wir bitten dich,

hilf uns mit deinem Geschenk sorgsam

und verantwortungsbewusst umzugehen.

Wir loben und preisen dich Gott,

Vater, Sohn und Heiliger Geist

als den Schöpfer, den Versöhner und den Erlöser

auch unserer Arbeits- und Lebenszeit.

Amen

24
Sündenbekenntnis

Wenn wir aber unsere Sünden bekennen, so ist er treu und gerecht, dass er uns die Sünden vergibt und reinigt uns von aller Ungerechtigkeit. — 1. Joh 1,9

Wer arbeitet, der macht Fehler. Manchmal stolpert man auch über die Versäumnisse der Vorgängergeneration. Und gar nicht selten lastet man seinem Vorgänger aus der Perspektive des Nachgeborenen einen Innovationsrückstau ungelöster Probleme an, die zuvor noch gar nicht absehbar gewesen waren. Je exponierter die eigene Stellung im Berufsleben ist, umso größer sind die Möglichkeiten zur Sünde am Arbeitsplatz. So kann ich einem Mitarbeiter eine Chance der beruflichen Weiterentwicklung verbauen, auf die er angewiesen wäre, weil ich diese aus Verblendung einem anderen eröffne, der gar nichts damit anfangen kann. Jede Führungskraft wird sich an mindestens eine Einstellung eines neuen Mitarbeiters erinnern, die wohl besser unterblieben wäre. Werde ich an meinen Mitarbeitern nicht auch dadurch immer wieder schuldig, dass ich ihre Arbeitsleistung nicht hinreichend beachte und zu schätzen weiß? Oder werde ich dadurch schuldig, dass ich aus Harmoniebedürfnis darauf verzichte, Fehler zu benennen und Veränderungen einzufordern?

Sünde am Arbeitsplatz ist aber kein Vorrecht für die Leitungsebene: Mitarbeitende können auch durch üble Nachrede und Intrigieren ein Betriebsklima vergiften und sich in abschätziger Weise auf einen Kollegen einschießen. Mobbing ist sicher Sünde, weil es die Gott-

ebenbildlichkeit des Kollegen missachtet. Arbeitnehmende können ihre Dienstpflichten vernachlässigen,
entgegengebrachtes Vertrauen enttäuschen und die
eigene Firma ausnutzen. Sünde am Arbeitsplatz ist ein
die Hierarchieebenen umgreifendes und transzendie-
rendes Phänomen. Und oft scheint es mir persönlich
so zu sein, dass ich selbst das Gute will, aber irgendwie dann doch das Böse tue. Und gar nicht selten hat
das anscheinend Gute plötzlich böse Folgen.

Mir fällt nun auf, dass der 1. Johannesbrief nicht, so
wie wir Menschen häufig, die Sünde und ihre Auswirkungen beklagt. Sünde ist immer da, auch wenn man
sich mit der Sünde natürlich nicht abfinden kann.
Sünden bekennen, das hat Verheißung. Mir kommt
dabei die befreiende Wirkung in den Sinn, die ich
vielfach erlebt habe, wenn Vorgesetzte und auch Mitarbeitende Fehler eingestanden haben. Große und
kleine Sündenbekenntnisse ermöglichen Neuanfänge.
Das Sündenbekenntnis, von dem der Schreiber des
Johannesbriefes spricht, hat aber ganz klar Gott als
Adressaten. Sünde ist der absichtliche oder unab-
sichtliche Verstoß gegen die Rechtsordnung Gottes,
die sich in seinen Geboten ausdrückt. Gott behaftet
uns nicht bei unseren erkannten und unerkannten
Sünden. Gott vergibt Sünden und reinigt von der Ungerechtigkeit. Nicht von ungefähr beginnen Gottesdienste mit einem Sündenbekenntnis. Auch die Liturgie des Gottesdienstes im Alltag der Welt bedarf
eines Sündenbekenntnisses. Manchmal scheint es mir
am Sonntagvormittag beim Sonntagsgottesdienst relativ einfach zu sein, nicht zu sündigen. Auch das
Sündenbekenntnis geht mir da leicht von den Lippen.

Ab Montag wird es nach meinem Eindruck täglich und stündlich schwieriger, die Sünde zu vermeiden. Ein Hauptproblem scheint mir zu sein: Kann ich selbst beispielsweise meinen Vorgesetzten und meinen Mitarbeitern vergeben, was sie mir schuldig geblieben und womit sie mir Unrecht getan haben? Ich kann da nur sagen: Vater vergib! Ich verlass mich darauf, dass Gott getreu und gerecht ist. Alles kommt für mich darauf an, dass er Sünden vergibt und von Ungerechtigkeit reinigt.

Dreieiniger Gott,

ich danke dir,

dass du mir meine Sünden vergibst

und mich von meiner Ungerechtigkeit reinigst.

Ich bitte dich,

vergib mir meine Sünden

und befähige mich

zu Neuanfängen in meinem Leben

und besonders in meinen Beziehungen

zu meinen Mitmenschen.

Durch Jesus Christus

in der Kraft des Heiligen Geistes

bete ich dich an,

gnädiger und allmächtiger Gott.

Amen

Introitus

Machet die Tore weit und die Türen in der Welt hoch,
dass der König der Ehre einziehe! – Ps 24, 7

„**Wenn ich am Morgen** seine Miene sehe, dann weiß
ich schon Bescheid", sagte mir eine erfahrene Sekretärin über einen schwierigen Kollegen, der häufig
morgens mit Leichenbittermiene das Büro betrat und
erst einmal ein bis zwei Stunden für sein Umfeld nicht
ansprechbar war. Jedenfalls entscheidet sich am Beginn eines Arbeitstages schon viel über den weiteren
Verlauf. Auf den Anfang kommt es an. Wenn ich nur in
mich selbst hineinhorche und die bedenklichen politischen Nachrichten der morgendlichen Zeitungslektüre
noch in mir nachklingen, kann ich einen neuen
Arbeitstag möglicherweise wirklich nicht unbe-
schwert in Angriff nehmen.

Mir selbst hilft in solchen Anwandlungen von Missmut
und Skeptizismus ganz schlicht die Besinnung auf
meine Taufe: Durch meine Taufe haben die Schatten-
mächte dieser Welt ihre absolute Herrschaft über
mich verloren. Gott selbst ist mein König der Ehre
und ich unterstehe letztlich seiner Herrschaft. Deshalb bin ich bestrebt, meinen Weg zur Arbeit inner-
lich als Introitus zu gestalten. Ich sage mir vor und
spreche es mir selbst zu, dass es jetzt gilt, die manch-

mal so verschlossenen Tore und Türen meines eigenen Herzens und meines Bewusstseins ganz weit auf zu machen, tief durchzuatmen, den Blick zum Himmel zu erheben und den König der Ehren in mich selbst hineinzulassen. Der König der Ehre will mir als nicht immer ehrenwertem Weltenkind nahe sein und bei mir Einzug halten. Deshalb heißt es jetzt: Jalousien hoch und Schluss mit kleinkarierter Übellaunigkeit!

Wenn es mir gelungen ist, auf dem Weg von der U-Bahn in mein Büro geistlich Jesus Christus in mein Herz und mein Gemüt einzulassen, dann werde ich anders und zwar beschwingter in meine Dienststelle einlaufen. Alles, was mir dort den langen Arbeitstag über widerfahren mag, kann doch niemals die vollkommene Herrschaft über mich haben. Seit meiner Taufe ist der König der Ehre allein mein König. Diese Welt mit ihren oft verschlossenen Toren und ihren versperrten Türen bleibt für mich natürlich wichtig, weil sie ja meine Lebenswelt und Gottes eigene Schöpfung ist. Gleichzeitig ist sie nicht alles und nicht die letzte Wirklichkeit. Jesus Christus ist für mich seit meiner Taufe auf den Namen des dreieinigen Gottes das weite Tor und die hohe Tür schlechthin. Durch Wort und Sakrament hat dieser König der Ehre bei mir bereits Einzug gehalten und will es jeden Tag aufs Neue wieder tun. In diesem Glauben überschreite ich die Schwellen auch meines Berufslebens, denn ich tue es doch nicht allein. Kein Ort, den ich betrete, ist Niemandsland für ihn. Deshalb kann ich erhobenen Hauptes an meinem Arbeitsplatz Einzug halten. Wenn ich selbst einen glaubensfrohen Ton anschlage, dann kann von einem Kollegen oder einer

Kollegin oft unerwartet die bestätigende Antwort kommen. Der Wechselgesang des Introitus kann sehr wohl in den vielen Gesprächen eines Arbeitstages seine arbeitsweltliche Entsprechung finden. Dankbar denke ich an einen Kollegen zurück, mit dem ich immer wieder in Interessengegensätze geriet, der mich am nächsten Morgen aber ehrlichen Herzens immer wieder fröhlich begrüßte.

Jeder Tag beinhaltet die Gnade eines Neuanfangs. Das ganze Leben eines Christenmenschen ist ein Introitus. Ein erwartungsfrohes Voranschreiten ist damit angesprochen, mit dem wir Jesus Christus als dem König der Ehre die ihm gebührende Ehre geben. Alle Tore und Türen dieser Welt verlieren so ihren niederdrückenden und ausschließenden Charakter.

Herr Jesus Christus,

wir danken dir, dass du

der König der Ehren unseres Lebens sein

und bei uns Einzug halten willst.

Und wir bitten dich

um eine hoffnungsfrohe Aufgeschlossenheit,

die uns hilft, in unserem Alltag

Hindernisse zu überwinden.

Dir sei Lob und Preis

in alle Ewigkeit.

Amen

26

Kyrie

*Und siehe, zwei Blinde saßen am Wege; und als sie hör-
ten, dass Jesus vorüberging, schrien sie und sprachen:
Ach, Herr, du Sohn Davids, erbarme dich unser! Aber das
Volk fuhr sie an, dass sie schweigen sollten. Doch sie
schrien noch viel mehr und sprachen: Ach, Herr, du Sohn
Davids, erbarme dich unser! – Mt 20,30 f.*

Wo soll ich hin mit Ratlosigkeit und Verzweiflung?
Wem kann ich anvertrauen und klagen, worunter ich
leide und was ich von mir aus nicht ändern kann?
Die Berufswelt ist häufig zum Heulen und Klagen, dies
gilt, je mehr und je länger man sie kennt. Die Leis-
tungsprämien und die Aufstiegschancen werden nur
zu oft nicht nach fachlicher Leistung und beruflichem
Einsatz vergeben, sondern Selbstdarstellung und Beziehungen geben häufig den Ausschlag. Wie geht es
uns damit, wenn wir schlechter qualifizierte Kollegen
mit höherer Anpassungsleistung an uns vorüberzie-
hen sehen? Existenzgefährdend kann es für kleinere
Unternehmen und Soloselbstständige sein, wenn sie
von möglicherweise fachlich schlechteren Mitbewer-
bern aus dem Feld geschlagen werden und einen bestimmten Auftrag nicht bekommen, der für den Erhalt
der eigenen Arbeitsplätze dringend notwendig gewe-

sen wäre. In begründete Verzweiflung könnte man versinken, wenn einem in einem ruhigen Augenblick dämmert: Für wen und was arbeite ich eigentlich? Arbeite ich nicht für und in einem Wirtschaftssystem, das ökologisch bedenkliche Produkte produziert und in ungerechte Strukturen des Welthandels zu Lasten der Armen integriert ist? Gleichzeitig kann ich als einzelner Bürger daran nicht wirklich etwas ändern, sondern bin weiterhin darauf angewiesen durch Erwerbsarbeit meinen Lebensunterhalt zu verdienen.

Die Evangelien erzählen davon, wie die Notleidenden und Ausgegrenzten seiner Zeit Jesus von Nazareth hinterherschrien und sich in ihrer Verzweiflung hilfesuchend an ihn wandten. Sie taten dies, weil sie ihn als Sohn Davids glaubten, als den kommenden Messias. Gott selbst wird im Alten Testament immer wieder in menschlich gesehen aussichtslosen Lagen um sein Erbarmen gebeten. Diese Spur der Anrufung des notwendenden Retters reicht vom Alten Testament über die frühe Christenheit und die Alte Kirche bis in unsere Gottesdienste heute. Der Ruf Kyrieeleison verbindet uns auch heute mit den Christen zu allen Zeiten und in allen Ländern. Ich gestehe damit mein Angewiesensein und meine Bedürftigkeit ein, dass ich leider selbst nicht alles ändern und verbessern kann, was ich so gerne verändern würde. Wenn ich meine Not und Verzweiflung in diesen Gebetsruf Kyrieeleison hineinlege, dann darf ich wissen, dass er bei Gott richtig ankommen wird und gut aufgehoben ist. Dieser Ruf hat eine entlastende und befreiende Funktion, die es zum Weiterleben regelmäßig braucht. Es ist aber auch ein Glaubensbekenntnis, dass Gott bestimmt die Lösung meiner Probleme bereithält und er sicherlich meinem Leben und dem Leben der Welt eine notwendende Kehre zum Besseren zu geben vermag. Kyrieeleison zu rufen macht nur Sinn, wenn ich damit die Hoffnung auf Gottes rettendes Eingreifen verbinde. Die Blinden, denen Jesus begegnet, schreien hinter Jesus her, weil sie sich von ihm Heilung erwarten. Kyrieeleison zu rufen und schon einmal selbst die Not der Armen zu lindern, das ist der Zweiklang des Glaubens.

Herr Gott, du Retter der Welt,

wir danken dir, dass wir

die Ungerechtigkeiten dieser Welt

und die Nöte unseres Lebens

dir anvertrauen dürfen.

Wir bitten dich,

dass den Hungernden,

den Kranken, den Bettelarmen

Hilfe und Linderung zuteilwerde.

Wir verherrlichen dich, dreieiniger Gott,

als den menschliche Nöte wahrnehmenden

und verwandelnden Retter

und Messias dieser Welt.

Amen

27

Gloria

Ehre sei Gott in der Höhe und Friede auf Erden bei den Menschen seines Wohlgefallens. – Lk 2,14

Welcher Wohlklang und welcher Gleichklang sprechen aus diesem Lobpreis? Himmel und Erde in Harmonie vereint – das ist Weihnachten. Alle Gegensätze und Widersprüche sind aufgehoben im Gotteslob. Denn hebt nicht das Gotteslob das schroffe Gegeneinander von Oben und Unten, von himmlisch und irdisch, von Jenseits und Diesseits auf zugunsten eines Schöpfungsfriedens, der die Menschen und die himmlischen Heerscharen miteinander verbindet und vereint? Weihnachten ist ein Symbol für festliche Ruhe und Frieden.

Soli Deo Gloria – Ehre sei Gott allein. Diese himmlische Botschaft findet ihren unsere Gemüter berührenden Ausdruck und Widerhall an jedem Weihnachtsfest, ja letztlich in jedem Gottesdienst, der zur Ehre Gottes gefeiert wird. Jeder religiöse Mensch wird zu einem Gläubigen durch das Wissen, dass Gott die Ehre, alle Ehre gebührt.

Wie kann nun das Gotteslob der himmlischen Heerscharen in der Arbeits- und Berufswelt Resonanz und

Echo finden? Die Friedlosigkeit wird nirgendwo handgreiflicher als gerade im beruflichen Alltag. Konkurrenz und Wettbewerb bestimmen das Miteinander von Nationen, Firmen und von einzelnen Mitarbeitenden. Rivalität bis hin zum Verdrängungswettbewerb sind

vorprogrammiert. Wie kann ich friedfertig zu einem Mitmenschen sein, dessen Firma meine Firma feindlich übernehmen will? Auch die Anhänger von Religionsgemeinschaften und christlichen Konfessionen haben es ja ganz und gar nicht immer leicht gehabt, füreinander Menschen des Friedens zu sein? Ehre wird in arbeitsweltlichen Zusammenhängen zudem nach sehr irdischen Kriterien verteilt: Leistung, Kapital, Durchsetzungsfähigkeit und öffentliche Anerkennung spielen da eine zentrale Rolle. Nicht von ungefähr wird die Arbeitswelt häufig als Symbol für den Lebenskampf und für die mit Schweiß und Druck erbrachte Arbeitsleistung erlebt. Ehre und Ehrerbietung wird im Berufsleben vielfach strukturell implantiert und durch ein entsprechendes Anordnungs- und Berichtswesen hierarchisch eingefordert und eingeübt.

Aber ist es nicht so: Indem ich selbst laut oder leise sage „Ehre sei Gott und Friede auf Erden", bin zumindest ich schon einmal ein friedliches Geschöpf Gottes. Bräuchte es nicht möglichst viele solcher Menschen, die nicht nur im Sonntagsgottesdienst oder bei der häuslichen Andacht dieses Gotteslob an ihrem Schreibtisch, am Fließband, im ärztlichen Behandlungszimmer, im Schalterraum des Bahnhofs und wo auch immer für sich oder vor anderen laut werden lassen, so dass die Ehrgeizigen und Friedlosen dieser Welt irgendwann keine Chance mehr haben? Ich denke: Wir merken schon, dass wir Menschen allein es wohl nicht schaffen werden. Vielmehr sind wir darauf angewiesen, dass sich Gott selbst unser Lob gefallen lässt und alle Ehre dareinsetzt, dass Friede werde auf Erden für alle Menschen seines Wohlgefallens. Bis das in allumfassendem Sinn geschieht, ist es sicher Ausdruck unserer Ehrerbietung gegenüber Gott, dass wir schon einmal Frieden stiften zwischen Kollegen, Firmen, Völkern, Partnern, Geschöpfen, sodass wir bereits einen Vorgeschmack des kommenden allumfassenden Friedens bekommen, der in Gott schon gegeben ist und von ihm selbst weitergegeben wird. Ehre sei Gott heißt auch: Keine Ehre für Menschen des Unfriedens.

Herr unser Gott,

wir danken dir,

dass du unser Frieden bist

und Frieden schaffst

auf unserer Welt.

Wir bitten dich:

Lass uns in unserem Umfeld,

ganz besonders auch an unseren

Arbeitsplätzen und Einsatzstellen,

zu Menschen des Friedens werden.

Wir ehren dich und preisen dich

als Friedensstifter unseres Lebens

und dieser Welt.

Amen

Glaubensbekenntnis

Wenn du mit deinem Munde bekennst, dass Jesus der Herr ist, und glaubst in deinem Herzen, dass ihn Gott von den Toten auferweckt hat, so wirst du gerettet. Denn wer mit dem Herzen glaubt, wird gerecht; und wer mit dem Munde bekennt, wird selig. – Röm 10,9 f.

„Aus der Kirche bin ich schon lange ausgetreten", das wird einem auch als Pfarrer sehr freimütig erzählt, wenn das Gespräch bei einer zufälligen Begegnung einmal auf den Themenkreis Glaube kommt. „Mit dem Glauben hatte ich noch nie viel am Hut", so ist es mir immer wieder gesagt worden. Anscheinend verlangt auch der Unglaube nach einem Bekenntnis. In manchen Kreisen scheint es zum guten Ton zu gehören, mit so etwas wie Glaube und Kirche nichts zu tun zu haben. Nun leben wir in Deutschland in einem weltanschaulich neutralen Staat und vernünftigerweise wird man die Religionsfreiheit besser nicht infrage stellen. Trotzdem bin ich bei vergleichbaren Äußerungen stets schmerzlich berührt, dass auch mir sympathische Mitmenschen mit meiner geistlichen Heimat Kirche nichts anfangen können und vielleicht sogar noch ein bisschen stolz darauf sind.

Viel mehr noch bewegt mich die Frage, wie ich mich in arbeitsweltlichen Zusammenhängen zu meinem Glauben bekennen kann, ohne dass es peinlich für mich und für andere wird. Die wohlfeile Bekenntnisfreudigkeit von manchen Evangelikalen und vielen Charismatikern ist nun gerade nicht mein Stil und wird von mir auch nicht für hilfreich gehalten. Den Apostel Paulus verstehe ich nun so, dass es wohl doch nicht reicht, mir meinen Teil zu denken, wenn die Gretchenfrage zur eigenen Haltung zum Glauben im Raum steht. Mit dem Mund bekennen und mit dem Herzen glauben – der Glaube ist nach Paulus offensichtlich eine die ganze Person einschließlich seiner Körperlichkeit umgreifende Existenzform. Der Inhalt des Bekenntnisses lässt sich ziemlich knapp zusammenfassen, dass nämlich Jesus der Herr ist. Kürzer und prägnanter geht es nicht. Inhalt des Glaubens ist, dass Gott Jesus von den Toten auferweckt hat. So einfach und knapp fasst Paulus das Glaubensbekenntnis zusammen.

Aber die Frage bleibt, wie sich in der modernen Wirtschaft arbeitende Menschen in geeigneter und für andere hilfreicher Weise zum Glauben ihres Herzens mündlich bekennen können. Paulus scheint es gerade auf die Mündlichkeit des Bekenntnisses anzukommen. Dieser Mündlichkeit des Bekenntnisses ist mit Holz- oder Metallkreuzen in Amtsstuben oder mit Kreuzanhängern um den Hals noch nicht entsprochen. Auch eine auf weltanschaulich, religiöse Neutralität wertlegende Firma wird es tolerieren, dass sich Mitarbeitende dann, wenn es an der Zeit ist, zu ihrer Glaubensüberzeugung bekennen. Kann man Menschen, die man schätzt, die Auskunft darüber so einfach vorenthalten, wer für einen der Herr und was der Inhalt des eigenen Glaubens ist? Und nachdem die Arbeitszeit einen Großteil der eigenen Lebenszeit ausmacht, wird die Zeit, in der das eigene Bekenntnis gefragt ist, sehr wohl immer wieder auch die Arbeitszeit sein. Dieses Bekenntnis ist ein mündlicher und kommunikativer Vorgang und mehr als ein Eintrag auf einem amtlichen Dokument. Schließlich verheimlicht man doch sonst auch sinnvollerweise nicht, wie es einem ums Herz ist.

Herr Jesus Christus,

ich danke dir, dass du

der Herr meines Lebens bist.

Ich bitte dich,

lehre mich erkennen,

wann die rechte Zeit ist, mich zu dir zu bekennen.

Dich preise ich

für die Auferstehung von den Toten

in alle Ewigkeit.

Amen

29
Predigt

Denn weil die Welt durch ihre Weisheit Gott in seiner Weisheit nicht erkannte, gefiel es Gott wohl, durch die Torheit der Predigt selig zu machen, die da glauben. — 1. Kor 1,21

Die Berufswelt ist keine predigtfreie Zone. In Mitarbeitendenversammlungen schwören Führungskräfte mit Verve ihre Mitarbeitenden auf neue Unternehmensziele ein. Inhaltsschwangere Reden werden bei Firmenjubiläen, bei Dienstjubiläen sowie bei Feiern zur Verabschiedung von Kollegen in den Ruhestand gehalten. Die Nachrufe bei Trauerfeiern für verstorbene Mitarbeitende bilden für Personalverantwortliche und Betriebsräte eine regelmäßige rhetorische Herausforderung. Auch die Begrüßung und die Firmenselbstvorstellung ist ein übliches Genus beruflicher Alltagsrhetorik – und nicht zu vergessen die „Gardinenpredigt" des Vertreters der Konzernzentrale, wenn in einem Zweigwerk die Zahlen hinter den Erwartungen zurückbleiben. Es gibt mannigfache Gründe für gute Worte, für strenge Worte, für schöne, tröstliche und nicht selten auch für trost- und geistlose Worte. Das Berufsleben ist voller Predigt des Gesetzes, jenes moralischen „Du sollst", das der Gewissenschärfung zu dienen hat. Von Montag bis Freitag und darüber hinaus ertönt es vielstimmig: „Du sollst!" Wo aber

bleibt das „Du bist" des Evangeliums, oder hat das bis zum Sonntag Zeit? Du bist Gottes geliebtes Kind – ist das nicht auch eine gute und befreiende Botschaft gerade für den Arbeitsalltag?

Paulus räumt in seinem 1. Brief an die Gemeinde in Korinth sehr realistisch ein, dass die Welt aus sich heraus bei aller zugestandenen Weisheit, die Weisheit Gottes noch lange nicht erkennen kann. Denn im Kreuz Jesu Christi die Weisheit Gottes am Werk zu sehen, ist menschlich gesehen unmöglich. Kein Wunder, dass das Wort vom Kreuz von den Weisen dieser Welt für eine Torheit gehalten und häufig auch für eine solche erklärt wird. Denn die Weisheit Gottes stellt die Weisheit dieser Welt auf den Kopf. Auch heute fällt es nicht schwer sich vorzustellen, dass die Predigt vom gekreuzigten Christus von den Korinthern zunächst für eine Torheit gehalten wurde. Dass der Tod des öffentlich und grausam hingerichteten Jesus von Nazareth das Heil der Welt begründen soll, das erschließt sich der menschlichen Vernunft nicht von selbst. Dass sie diese Torheit des Kreuzes zur Sprache bringt, macht jedoch eine Rede erst zur Predigt. Unter Predigt wird alltagssprachlich ein Ritual bzw. ein Bestandteil des Gottesdienstes verstanden. Nach Paulus ist die Predigt noch viel mehr, denn sie macht selig. Wenn dies so ist, dann müsste sie doch unbedingt in der Arbeitswelt zur Sprache kommen, denn die Arbeitswelt ist im Erwachsenenleben schon zeitlich die vorrangige oder zumindest eine wesentliche Lebenswelt von uns Menschen. In den letzten Tagen habe ich zufällig von Gebetskreisen von Mitarbeitenden in der Automobilindustrie erfahren. Ich wünsche sehr, dass dies solche Orte sein mögen, an denen das Wort vom Kreuz Raum und Zeit für Arbeitnehmende bekommt. Allerdings werden solche Formen nur eine begrenzte Zahl von Menschen ansprechen können. Aber vielleicht bieten die betrieblichen Gelegenheiten öffentlicher oder halböffentlicher Rede da und dort doch die Möglichkeit für die Torheit der Kreuzespredigt – zumindest im Ansatz. Denn die Gesetzespredigt macht höchstens ein schlechtes Gewissen, die Kreuzespredigt in all ihrer Torheit hingegen, die macht selig. Auch die weltanschaulich neutrale Firma wird nicht verhindern wollen, dass Menschen glauben. Und nur der Glaube lässt die offensichtliche Torheit als Weisheit gelten. Vor diesem Hintergrund verbietet sich eine vorwurfsvolle Haltung gegenüber dem Unglauben. Gott selbst muss Menschen die Augen und Ohren für seine Weisheit öffnen, dann kommt die Predigt zu ihrem Ziel.

Dreieiniger Gott,

wir danken dir

für die Predigt des Evangeliums,

die uns deine Weisheit und Wahrheit verkündet.

Wir bitten dich, dass die Predigten

die Herzen vieler Menschen erreichen

und den Glauben in ihnen erwecken mögen.

Wir loben dich als den weltzugewandten Gott,

Vater, Sohn und Heiligen Geist.

Amen

30

Fürbittengebet

So ermahne ich nun, dass man vor allen Dingen tue Bitte,
Gebet, Fürbitte und Danksagung für alle Menschen. — 1. Tim 2,1

Was ist ein christliches Leben? Wie äußert sich mein
Christsein? Was muss ich tun, um meiner Berufung zu
einem Leben in der Nachfolge Jesu Christi zu entsprechen? Das Gebet wird im ersten Timotheusbrief an die
erste Stelle gerückt. Das Gebet als Dank und Fürbitte
wird als Ausdruck christlichen Lebens in der Nachfolge allem anderen vorangestellt: Christsein wird verstanden als Berufung zum Gebet.

Das Gebet war schon immer umstritten. Da hilft kein
Beten, sagt der Volksmund, wenn angesichts einer Ka-
tastrophe praktische Hilfe vorrangig angebracht zu
sein scheint. Betbruder und Betschwester, das hört
sich als Zuschreibung für einen Mitmenschen wie eine
Abwertung an. In der säkularen Arbeitswelt steht Beten nirgendwo auf dem Programm. Und in Kirche und
Diakonie sind für das Gebet, das natürlich schon irgendwie dazugehört, begrenzte Zeitoasen vorgese-
hen. Jedenfalls das Gebet wird aus dem realen Leben
tunlichst herausgehalten, das ist in der Kirche genauso wie in der Welt. Keinesfalls darf man in den Geruch
geraten, durch das Gebet als einer milden Form des
Nichtstuns, die eigene Anstrengung ersetzen und den

Einsatz minimieren zu wollen. Das Gebet hat keinen Platz in einer Dienstordnung.

Mitten hinein in das alltägliche Leben gehört aber gerade das Gebet für und zu einem christlichen Leben – so die Ermahnung des Timotheus. Dieses alltägliche Leben ist die meiste Zeit freilich ein tätiges und arbeitsames Leben. Dieses Leben „auf der Arbeit" und all die dazugehörenden Menschen sind ja nun nie so, wie ich sie mir wünsche und wie sie möglicher-

weise auch wirklich sein sollten. All das, was nicht so ist, wie es sein sollte, darf und soll ich vor Gott unseren Schöpfer bringen. Ich bitte im Gebet ihn, meinen Gott, dass er ändert, was ich nicht zu ändern vermag. Das Gebet hat eine reinigende Kraft. Das Gebet putzt aus. Bei Gott weiß ich das Unvollständige und Bruchstückhafte meines Lebens in guten, väterlichen Händen. Im Fürbittengespräch breite ich die Not der Welt vor Gott aus und vertraue ihm die notleidende Menschheit an. Häufig ist dies das Beste, was ich für andere tun kann. In meinem Berufsleben habe ich mannigfachen Anlass zum Dank. Dankbar bin ich für meine Gaben, die mir vom Schöpfer gegeben wurden, dass ich für meine Nächsten damit etwas bewirken kann. Dankbar bin ich für freundliche und hilfreiche Kolleginnen und Kollegen, denn nichts ist selbstverständlich. Alle Not auf der Arbeit als Bitte und Fürbitte Gott anzuvertrauen und für alle Gnadengaben Gott zu danken, das ist eine Praxis, die unser Arbeitsleben verwandelt, sie schafft alles neu! Für einen Menschen zu beten, verändert mein Verhältnis zu ihm grundlegend, denn nun ist er mir schon nicht mehr gleichgültig. Schließlich ist er genauso auf Gottes Gnade angewiesen wie ich auch.

An der Haltung zum Gebet entscheidet es sich, wer Gott letztlich für mich ist. Glaube ich es wirklich, dass Gott in dieser Welt und in meinem Leben zu meinem Heil am Werk ist? Oder meine ich, dass letztlich doch alles von meiner Aktivität und meinem Einsatz abhängt? Wenn dies meine Überzeugung sein sollte, dann werde ich freilich mit dem Gebet keine Zeit verlieren.

Als junger evangelischer Theologe durfte ich ein Studienjahr am Studienkolleg der Benediktiner in San Anselmo in Rom verbringen. Die Teilnahme am täglichen Gebet der Mönche in dieser Zeit hat meine Einstellung zum Gebet und zur Ökumene verändert. „Beten und Arbeiten" wird der Grundakkord benediktinischen Lebens häufig etwas verkürzt wiedergegeben. Die benediktinische Tradition hat auf ihre Weise die Mahnung des Timotheusbriefs besonders konsequent berücksichtigt. Mit der Stellvertretung im Gebet leisten die Benediktiner sowie alle anderen Beter der Christenheit der Menschheit einen wertvollen Dienst. Christsein als ein Leben im und für das Gebet, dies ist eine über das klösterliche Leben hinausgehende Herausforderung: Betet allezeit für alle Menschen!

Herr unser Gott,

wir danken dir,

dass wir uns im Gebet

vertrauensvoll an dich wenden dürfen.

Wir bitten dich für die armen, notleidenden

und hungernden Menschen

auf dieser Welt,

lass ihnen Hilfe und Rettung zuteilwerden.

Dich, unseren Gott und Herrn

loben und verehren wir als den Grund

und das Ziel unseres Lebens.

Amen

Vaterunser

Unser tägliches Brot gib uns heute. – Mt 6,11

Zum Broterwerb begeben wir uns Tag für Tag an unsere Arbeitsplätze. Dieses täglich notwendige Nahrungsmittel Brot will erst einmal verdient sein. Nur wenige Mitmenschen werden in so begünstige Verhältnisse hineingeboren, dass sie auf die Erwerbsarbeit als Lebensgrundlage für sich selbst und die eigene Familie verzichten können. Die meisten Mitmenschen müssen arbeiten, um die elementare Grundversorgung sicherzustellen. Das Brot ist in unserer Kultur zum Symbol für das Leben schlechthin geworden. In Deutschland ist es fast ein Kultgegenstand geworden, wenn man an die zahllosen Brotsorten in Bäckereien und Backketten-Niederlassungen denkt.

Das tägliche Brot, das wir alle brauchen, wird unterschiedlich leicht verdient. Vor allem sogenannte einfache und händische Arbeit wird in westlichen Gesellschaften verhältnismäßig schlecht entlohnt. In der Finanzwirtschaft finden wir hingegen Akteure, die mit wenigen Mausklicks am Computer anstrengungslos sehr viel Geld verdienen, dieses aber dann auch wieder schnell verlieren können. Mancher Brotjob verschleißt und verbraucht die Menschen schnell und vorzeitig. Andere Tätigkeiten, die gut bezahlt sind, werden sogar als anregend und weiterführend empfunden. Und vor allem müssen einige um die Arbeit, die ihre Lebensgrundlage bildet, fürchten und andere können relativ entspannt sein, da ihre Dienste am Arbeitsmarkt gerade besonders nachgefragt werden.

Die Brotbitte des Vaterunsers spricht von dem Lebensmittel Brot, das man sich nicht verdienen und erarbeiten kann, sondern auf das man angewiesen ist und das von uns allen erbeten werden muss. Denn alle Bäcker dieser Welt sind auf die Gaben der Schöpfung angewiesen. Dass mir das tägliche Brot auch schmeckt, hängt wesentlich auch von meinem Gemütszustand ab, der nicht nur an mir selbst liegt. Mein tägliches Brot schmeckt mir am besten, wenn ich es in gesunden Tagen gemeinsam mit meinen Lieben zu mir nehmen darf. Manchmal schmeckt mir mein tägliches Brot gar nicht, weil mir einfällt, dass eine große Zahl von Mitmenschen nicht genug zum Essen hat und hungert. Ich durfte in meinem Leben die Erfahrung machen, dass mit anderen Mitmenschen geteiltes Brot ganz besonders gut schmeckt. Immer wieder erlebte ich aber auch, dass kranken und alten Menschen mit einem Mal ihr Essen überhaupt nicht mehr schmeckte.

Trotz meiner täglichen Bemühung und Anstrengung um den Broterwerb spreche ich täglich die Bitte des Vaterunsers um das tägliche Brot aus, weil es im Leben um noch mehr geht als um die regelmäßige Kalorienzufuhr. Gott selbst muss seine Geschöpfe mit dem Lebensnotwendigen im umfassenden Sinn versorgen. Das macht meine Aktivitäten nicht verzichtbar. Sicher wäre es angezeigt sicherzustellen, dass alle mit ihrem täglichen Brot auch wirklich versorgt sind. „Brot für die Welt" ist mehr als eine kirchliche Aktion und Kampagne – es ist selbstverständlicher Ausdruck christlichen Glaubens.

Im Vaterunser übe ich ein, dass mein Leben ein verdanktes Leben ist. Ich freue mich weiterhin daran, dass ich mir durch meine tägliche Arbeitsleistung ein auskömmliches Leben erarbeiten kann. Gleichzeitig bewahrt mich das Vaterunser vor einem falschen Arbeitsstolz, denn ich bin kein „self made man". Das Entscheidende und Hungerstillende bekommt man geschenkt und will täglich aufs Neue erbeten sein.

Ewiger und heiliger Gott,

wir danken dir, dass wir

in unserem Land genug zum Essen haben

und mit den notwendigen Gütern des Lebens

reichlich versorgt sind.

Wir bitten dich: Lehre uns,

unser tägliches Brot mit anderen zu teilen,

und gib, dass alle auf dieser Welt

bald genug zum Essen haben.

Wir loben und verehren dich als den dreieinigen Gott,

Vater, Sohn und Heiligen Geist.

Amen

32
Segen

Der Segen des Herrn allein macht reich,
und nichts tut eigene Mühe hinzu. – Spr 10,22

Worin besteht das Geheimnis beruflichen und wirtschaftlichen Erfolgs? Wie kann ich mein Vermögen bzw. das Vermögen meiner Firma vermehren und eine einträgliche Rendite erzielen? So lauten klassische Fragestellungen und Herausforderungen des Wirtschaftslebens, denen ihre Plausibilität in einem marktwirtschaftlich ausgerichteten System nicht abgesprochen werden kann. Von daher verwundert es nicht, dass in manchen evangelikal-fundamentalistischen Kreisen, insbesondere im englischsprachigem Raum, für den wirtschaftlichen Erfolg christlicher Unternehmer gebetet wird und vom Umfang der entsprechenden Gebetserfüllung nicht selten Rückschlüsse auf die Qualität der Gottesbeziehung angestellt werden.

So einfach ist es aber nicht, wenn man auf den Gesamtzusammenhang der biblischen Überlieferung achtet. Gott ist gerade nicht einfach nur Geschäftspartner, der unsere beruflichen Anstrengungen seinerseits ergänzt und zum gewünschten Erfolg führt. Gott ist Gott als der Schöpfer der Welt und als der

Herr der Zeit. Gott gibt sich uns Menschen nicht in die Hände. Aber die Menschen der Bibel lehren uns auf den Segen Gottes zu hoffen, um ihn zu bitten, ja um ihn zu ringen. Und sie lehren uns ferner, einander diesen Segen zuzusprechen. Der Segen des Herrn bleibt aber sein Segen, den wir alle nur erbitten können.

Für diesen Segen wird sowohl im Alten als auch im Neuen Testament eine lebensverändernde Wirksamkeit in Anspruch genommen und vorausgesetzt. Gottes Segen macht reich, das kann auch eine irdische und materielle Wirkung sein – warum nicht, wenn bei Gott kein Ding unmöglich ist. Aber die segensreiche Wirkung muss sich nicht finanziell auswirken und kann sich keinesfalls darauf beschränken. Reich bei Gott kann auch ein Armer sein. Ein Reicher in Bezug auf seine materiellen Ressourcen ist noch lange nicht reich bei Gott. Reich bei Gott zu sein verstehe ich so, dass jemand in Einklang mit Gott lebt.

„Mit freundlichem Gruß", so schließen die meisten Geschäftsbriefe und knüpfen damit zumindest von Ferne an der biblischen Tradition des Segnens an. Wenn ich jemand besser kenne, dann wünsche ich ihm oder ihr „Gottes Segen" zum Geburtstag oder einfach einen „gesegneten Sonntag". Damit rufe ich das heilvolle Handeln Gottes auf einen Menschen herab. Meine Befugnisse als Chef können so weitgehend sein, wie irgend denkbar, aber dass ihr neues Lebensjahr gelingt und dass ihr Sonntag ein Festtag für sie wird, das kann ich für meine Mitarbeitenden nicht machen oder anordnen, sondern nur von Gott selbst erbitten.

Die Erinnerung an den Segen führt uns die Grenzen unserer Fürsorge und unserer Gestaltungsmöglichkeiten vor Augen. So sehr wir uns auch Mühe geben, dass sich unsere Bemühungen für unsere Mitmenschen und Kollegen segensreich auswirken, das Leben lässt uns auf Gottes Segen angewiesen sein und bleiben. Letztlich ist entscheidend, dass zu unseren gut gemeinten Aktivitäten Gott seinen Segen dazugibt. Dann kann es geschehen, dass Vorgesetzte und Untergebene, Kollegen und Kooperationspartner einander zum Segen werden. Gott benutzt Menschen, um seinen Segen an andere auszurichten. Er bedient sich seiner Geschöpfe, dass Menschen seinen Segen erfahren. Er ist aber nicht ausschließlich auf sie angewiesen. Wie schön wäre es, wenn er dabei auch immer wieder und weiterhin auf mich zurückgreift.

Lieber himmlischer Vater,

wir danken dir, dass wir deinen Segen

schon in so vielfältiger Form

in unserem Leben erfahren durften.

Wir bitten dich: Lass uns

selbst an unseren Arbeitsplätzen

für unsere Kolleginnen und Kollegen

zum Segen werden und gib, dass sie auch uns

zum Segen werden.

Wir verehren dich als den lebensspendenden

und heilbringenden Gott,

den Vater, den Sohn

und den Heiligen Geist.

Amen

33
Mission

Darum gehet hin und lehret alle Völker: Taufet sie auf den Namen des Vaters und des Sohnes und des Heiligen Geistes und lehret sie halten alles, was ich euch befohlen habe. Und siehe, ich bin bei euch alle Tage bis an der Welt Ende.
— Mt 28,19 f.

Was bedeutet es zu glauben? Wie drückt sich unser christlicher Glaube aus? Ich persönlich würde zu allererst mit Verben antworten: Hören, vertrauen und befolgen – das fällt mir selbst spontan ein. Auf das Evangelium hören, Gott vertrauen und die Gebote befolgen – so möchte ich selbst meinen Glauben leben. Glaube verstanden als Passion – ich lasse mir das Heilshandeln Gottes für mich gefallen.

Wie ein Stromstoß trifft mich da der sogenannte Missionsbefehl, in dem wir Christen einen deutlichen Auftrag zur Aktion bekommen: Gehet, lehret und taufet! Wie ein Dreiklang christlicher Glaubenspraxis wird uns Folgendes eingeschärft: Gehet in die Welt hinaus, die Gottes Schöpfung ist, lehret den Glauben an den gekreuzigten und auferstandenen Herrn Jesus Christus und taufet im Vertrauen auf das Wirken des Heiligen Geistes! Christlicher Glauben drückt sich

folglich in einer der Welt zugewandten Haltung aus und nicht im Rückzug in eine kontemplative Sonderexistenz. Glaube ist nicht nur Passion, sondern auch Aktion und dies nicht als menschlicher Tatendrang, sondern als Sendung in die Welt im Auftrag des auferstandenen Herrn und Heilands. Die Weitergabe des Glaubens, zu der Jünger und Jüngerinnen Jesu beauftragt und ermächtigt werden, ist allerdings keine beliebig inhaltlich zu füllende Heilslehre, sondern „lehret sie halten alles, was ich euch befohlen habe".

Der Missionsbefehl ist viel mehr als eine herausfordernde Aussage, er beinhaltet eine den Glauben begründende und stärkende Zusage. Der auferstandene Herr Jesus Christus verheißt den Seinen: „Ich bin bei euch alle Tage bis an der Welt Ende."

Die Welt der Arbeit ist ein schwieriges Terrain für christliche Missionstätigkeit. Die Mehrheit der Menschen, denen man in der säkularen Berufswelt begegnet, lebt kirchlich distanziert. Die meisten Unternehmen müssen schon aufgrund der multikulturellen und multireligiösen Zusammensetzung der Belegschaft auf weltanschauliche Neutralität Wert legen. Kein Gesetz dieser Welt kann mir aber verbieten, mich dann, wenn es an der Zeit ist, im persönlichen Gespräch, in einem Gesprächsbeitrag während einer Sitzung oder bei einer öffentlichen Rede zu meinem Glauben zu bekennen. Vielleicht oder sicherlich sind wir westlichen Christen oft zu zurückhaltend und zu zögerlich, uns in unserem Glauben kenntlich zu machen. Bleiben wir mit dieser falschen Scheu einander, unseren Mitmenschen und dem Herrn der Kirche nicht vieles schuldig? „Lehre" muss dabei sicher nicht vorrangig Belehrung, sondern wird häufig ein gemeinsames Lernen sein. Ein gemeinsames Lernen zielt darauf ab, was es in einer werktäglichen Arbeitswelt bedeutet, sein Christsein zu leben. All dies können und brauchen wir nicht alleine tun und auf uns nehmen, sondern wir dürfen des Dabeiseins und der Begleitung durch unseren Herrn und Heiland Jesus Christus gewiss sein. Für diesen ist die Welt der alltäglichen Arbeit kein unbekanntes Terrain, sondern Teil von Gottes Schöpfung. Arbeitende Menschen sind angewiesen auf die Lehre von der Versöhnung, und die Arbeitswelt ist ein Raum der Wirksamkeit des Heiligen Geistes, der wirkt, wo und wann er will.

Allmächtiger und ewiger Gott,

wir danken dir, dass du uns in die Welt sendest

und uns die Begleitung deines Sohnes verheißt.

Wir bitten dich, dass wir als deine Gesandten

unseren Glauben gegenüber unseren Mitmenschen

und Kollegen aufrichtig bezeugen.

Dich loben und preisen wir

als den in unserer Welt

und in unserem Leben wirkenden

dreieinigen Gott.

Amen

34
Menschenbild

Ist jemand in Christus, so ist er eine neue Kreatur; das Alte ist vergangen, siehe, Neues ist geworden. – 2. Kor 5,17

Was ist mein Profil? Und welches Profil haben meine Kollegen und meine Geschäfts- und Kooperationspartner? Was ist unsere Corporate Identity und was ist die Kernkompetenz der anderen? Jeder und jede, der oder die in der freien Marktwirtschaft seine bzw. ihre Dienste anbietet, kommt um solche interessengeleiteten Fragestellungen nicht herum. Dieser Fragerichtung ist eine begrenzte Berechtigung nicht abzusprechen. Trotzdem bleibt unsere Selbstwahrnehmung defizitär, wenn ich von solchen verkaufsorientierten Selbst- und Fremdeinschätzungen mein Menschenbild prägen lasse. Die Frage nach dem Profil ist, wenn es gut geht, eine Momentaufnahme. Es wird gefragt, was ist. Nun besteht bereits bei dieser Fragestellung des Profils und der Profilierung die Gefahr einer undefinierten Stereotypisierung.

Das Neue Testament stellt unser gängiges Menschenbild grundlegend auf den Kopf. Denn es wird nicht gefragt und damit festgeschrieben, was ist, sondern es wird danach gefragt, was wird. Denn das Alte ist ja vergangen und gar nicht mehr so interessant. Schließ-

lich ist eine neue Kreatur und damit etwas völlig Neues geworden. In meinem inzwischen schon recht langen Berufsleben war ich häufig an Beratungsrunden
beteiligt, in denen man sich die Köpfe heißgeredet
hat darüber, was sich alles ändern und was neu wer-

den muss, damit endlich etwas wird. Der zweite Korintherbrief geht nun davon aus, dass das Neue gar nicht erst werden muss, sondern dass es bereits da ist. Und wenn das Neue schon da ist, dann stellt sich in der Tat die Frage, ob mein Profil noch mein Profil ist. Und darüber hinaus ist vielmehr fraglich, ob das Profil des oder der anderen überhaupt noch deren Profil ist. Vielleicht müssen schleunigst einige Profilbilder geändert werden, weil sie von gestern sind.

Diese umfassende Innovation gründet in dem „in Christus sein" von Menschen. Wann bin ich denn „in Christus"? In Christus bin ich bereits durch meine Taufe, die meine Zugehörigkeit zu Jesus Christus grundgelegt hat. Ich weiß, wo ich hingehöre. Da ich mich dessen immer wieder versichern will, dass ich weiterhin „in Christus" bin, nehme ich regelmäßig am Abendmahl teil. Zu Beginn jedes Arbeitstags lese ich Losung und Lehrtext, weil ich keinesfalls aus diesem „in Christus sein" herausfallen will. Da begegne ich immer wieder neu dieser anderen Sprache der Bilderwelt Gottes, die sich von der Sprache der arbeitsweltlichen Routinen deutlich unterscheidet. Meines Erachtens ist dieses im Grunde revolutionäre Menschenbild des Neuen Testaments von allergrößter beruflicher Relevanz, denn die Arbeitswelt ist bestimmt von einer Fülle von Menschenbildern, die den Menschen häufig auf seine wirkliche oder vermutete Nützlichkeit festschreiben. Aber wer sagt mir denn, dass die Kollegen, mit denen ich zusammenarbeite, und die Kooperationspartner, mit denen ich unterwegs bin, noch so sind, wie ich sie bisher wahrgenommen und eingeschätzt habe? Vielleicht sind sie bereits neue Kreaturen, möglicherweise ist Neues mit ihnen schon geworden? In einem langen Berufsleben wird man zurückhaltend bis misstrauisch in der Einschätzung anderer Menschen. Wäre es nicht entlastend, wenn ich Gott zutrauen würde, dass er etwas Neues mit den Menschen meines Umfelds bereits angefangen hat? Könnte es nicht sein, dass sie längst in Christus sind, ohne dass es mir bisher aufgefallen wäre? Die Berufswelt empfinde ich manchmal als eine erdenschwere Angelegenheit. Dieses Menschenbild des zweiten Korintherbriefs eröffnet mir nun eine Perspektive auf mich selbst und meine Mitmenschen von Gottes kommendem und künftigem Reich her. Dann wird alles und werden alle endgültig und allumfassend neu.

Herr Gott, himmlischer Vater,

ich danke dir,

dass du diese Welt erneuerst

und dabei bei uns Menschen anfängst.

Ich bitte dich, hilf mir

meine Mitmenschen und Kollegen

nicht auf ein Bild festzulegen,

das ich mir selbst gemacht habe.

Ich verehre dich, dreieiniger Gott,

als den Anfänger und Vollender

dieser Welt.

Amen

35

Versöhnung

So sind wir nun Botschafter an Christi statt, denn Gott ermahnt durch uns; so bitten wir nun an Christi statt: Lasst euch versöhnen mit Gott! – 2. Kor 5,20

Arbeit und Kapital stehen sich in Arbeitsauseinandersetzungen immer wieder unversöhnlich gegenüber. Wenn es um den Erhalt von Arbeitsplätzen geht, um den Fortbestand eines Standorts, um eine Firmenfusion, dann kann auf den Ebenen von Betriebsrat und Geschäftsführung, auf der Ebene von Belegschaft und Konzernleitung im betrieblichen Kontext von Versöhnung keine Rede sein, da es sich um eine konfrontative Konfliktlage handelt. Diese Interessen- oder Zielkonflikte dürfen nicht verharmlost oder harmonisiert werden. Nicht immer ist die Arbeitswelt eine Welt des Konflikts, aber doch immer wieder und dies gar nicht so selten. Aber kann es denn unter Menschen beim Konflikt bleiben, solange wir auf derselben Welt, in demselben Land und im gleichen Betrieb miteinander arbeiten? Bedarf es nicht gerade da solcher Botschafter an Christi statt, die, ob gelegen oder ungelegen, die Konfliktparteien herzlich bitten: Lasst euch versöhnen mit Gott! Und natürlich bedeutet diese grundlegende Versöhnung mit Gott in letzter Konsequenz und als unmittelbare Folge, dass sich Geschöpfe Gottes nicht dauerhaft und grundsätzlich unversöhnlich gegenüberstehen können. Der Konflikt kann zwischen Geschöpfen ein und desselben Gottes kein Dauerzustand sein.

Mit dem Konflikt, mit einem unversöhnlichen Gegeneinander kann man sich nicht abfinden, sich damit arrangieren oder den Zwist gar aktiv fortschreiben. Der Gesprächsfaden darf zwischen den am Konflikt beteiligten Parteien niemals abreißen. In immer neuen

Anläufen gilt es, in Konflikten Dialoge in Gang zu setzen und am Laufen zu halten. Gleichzeitig können Botschafterinnen und Botschafter an Christi statt selbst nur um Versöhnung bitten, denn Versöhnung kann man nicht einklagen. Appelle haben es an sich, dass sie häufig ungehört verhallen. Diese Bitte erhält ihren Sinn und ihre Berechtigung nur durch die vorausgegangene Versöhnungsgeschichte Gottes mit dieser Welt. Die Christusgeschichte beinhaltet diese Versöhnungsgeschichte. Die Sünden, also der Konflikt und die Konflikte, werden nicht aufgerechnet. Denn das Wort von der Versöhnung ist unter uns aufgerichtet. Das Wort von der Versöhnung entlastet mich vom Zwang der Selbstrechtfertigung und von der Notwendigkeit meinerseits, die Welt versöhnen zu wollen, denn die Versöhnung ist in Jesus Christus bereits geschehen. Deshalb kann das Wort von der Versöhnung in Anspruch genommen und auch auf arbeitsweltliche Konflikte angewendet werden. Wenn von Gott her diese umfassende Versöhnung geschehen ist – wer bin ich denn, dass ich weiterhin unversöhnlich über Konfliktpartner und Konfliktparteien denke und rede? Verlangt ein Konflikt nicht förmlich nach Versöhnung, weil er die Differenz in wünschenswerter Klarheit an den Tag bringt? Der Gegensatz und die Differenz dürfen nicht übergangen und kleingeredet werden, wenn Versöhnung gelingen soll. So wie es in arbeitsweltlichen Zusammenhängen Konflikte gibt und geben muss, so muss es genauso auch Botschafter an Christi statt geben. Die Bitte um Versöhnung ist ein Wagnis, das um Christi Willen in Angriff genommen werden sollte. Denn Versöhnung tut gut, sie hilft uns, einander noch einmal besser und tiefer zu verstehen. Wenn

162

sich Gott mit der Welt in ihrer Sündhaftigkeit aussöhnen konnte, dann sollte es doch auch mir gelingen, das Wort von der Versöhnung in Anspruch zu nehmen.

Herr Jesus Christus,

wir danken dir,

dass du die Versöhnung mit Gott

für uns sein und bleiben willst.

Wir bitten dich,

dass wir in unserem Privatleben,

aber ganz besonders in unserem Berufsleben

Menschen der Versöhnung sind

und versöhnlich wirken.

Wir loben dich, dreieiniger Gott,

Vater, Sohn und Heiliger Geist

für das Wort von der Versöhnung,

das unter uns aufgerichtet ist.

Amen

36
Verantwortung

*Seid allezeit bereit zur Verantwortung vor jedermann,
der von euch Rechenschaft fordert über die Hoffnung,
die in euch ist. – 1. Petr 3,15*

Im Berufsleben gibt es Phasen, in denen uns der
Gedanke an die eigene, mit dem persönlichen Dienst-
auftrag verbundene Verantwortung mit Stolz und Be-
friedigung erfüllt. Wenn einem eine bestimmte Verantwortung übertragen worden ist, dann zeigt dies nicht
zuletzt, dass andere einem auch zutrauen, diese Verantwortung wahrzunehmen. Mit jeder Stelle ist ein
mehr oder weniger großer Verantwortungsbereich
verbunden, der wahrgenommen und ausgefüllt sein
will.

Viele Berufstätige erleben auch Phasen, in denen sie
die mit der Wahrnehmung ihrer Stelle verbundene
Verantwortung als erdrückend und bedrückend emp-
finden. Das kann bei Personalverantwortlichen oder
Betriebsräten so sein, von deren Führungsqualitäten
und von deren strategischem Geschick der Fortbestand vieler Arbeitsplätze und die wirtschaftliche
Existenz vieler Menschen abhängen. Häufig wurde mir
von Mitarbeitenden im Gesundheitswesen und im

Krankenhausbereich geklagt, dass die Verantwortung für das Leben und Überleben von Menschen in der Notfallmedizin auf die Dauer eines Berufslebens eine richtig schwere Verantwortungslast bedeutet.

Der 1. Petrusbrief fordert von gläubigen Menschen noch einmal eine andere Art von Verantwortungs-übernahme: Sie sollen jederzeit zur Rechenschafts-abgabe bereit sein über die Hoffnung, die für sie handlungsleitend ist. Dies erscheint mir unter einer arbeitsweltlichen Perspektive hochbedeutsam zu

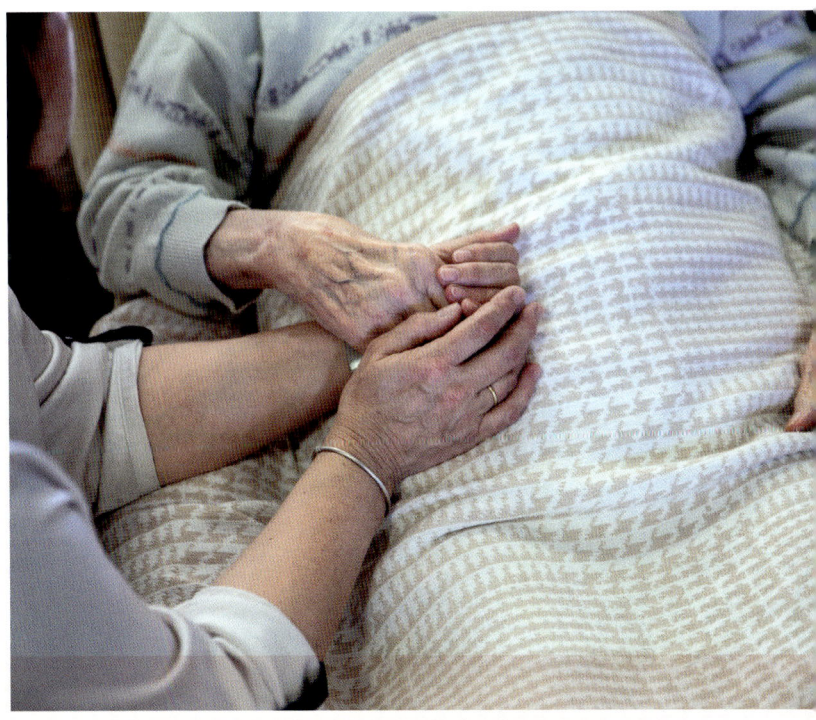

sein. Denn häufig geht es doch bei Aussagen von der Leitungsebene um Maßnahmen, die eine gewisse Kurzfristigkeit atmen. Mitarbeitende finden sich aber eher bereit, sich an der Umsetzung zu beteiligen und für sie zu engagieren, wenn ihnen die handlungsleitenden Ziele bekannt und einsichtig gemacht werden. Welche Hoffnungen und Erwartungen verbinde ich mit Maßnahmen und Aktivitäten, die ich in Angriff nehme? Wie sieht das große Ganze und die dahinterstehende Strategie aus? Wenn ich die Arbeit, die ich tue, als Ausdruck meines Glaubens ansehe, dann gehören berufliche Pläne auch zu dem Bereich der Hoffnung: Hoffnungen treiben an. Hoffnungen können etwas sehr Persönliches der Lebensplanung betreffen, aber auch allgemeine und gemeinschaftliche Leitvorstellungen mitbeinhalten. Ich hoffe beispielsweise darauf, dass Gott aus meiner Arbeitsleistung etwas Lebensförderliches für andere Menschen werden lässt. Die Hoffnung, von der das Neue Testament, einschließlich der in ihm genannten Glaubenszeugen, Rechenschaft ablegt, hat einen Namen: Jesus von Nazareth, den Gott selbst durch Kreuz und Auferstehung umfassend als Christus in Verantwortung für diese Welt und für die Menschheit genommen hat. Die mit diesem Namen gemeinte und verbundene Hoffnung vermag dem Leben und dem Arbeitsleben in einem tiefen Sinn Hoffnung zu geben, eine Hoffnung, die über tagesaktuelle Maßnahmen und kurzfristige Aktionen hinausgeht. Beseelt von dieser Hoffnung kann ich die sich verändernden Phasen des Arbeitslebens ertragen und aushalten. Beseelt und beflügelt von dieser Hoffnung auf den gekreuzigten und auferstandenen Herrn Jesu Christus verliere ich über den Niederungen des beruflichen Tagesgeschäfts den Horizont von Gottes Ewigkeit nicht aus dem Blick. Hoffnung lässt mich den Kopf oben behalten, wenn die mich Dienstpflichten niederzuhalten drohen. Als Getaufter habe ich Anteil am Prinzip Hoffnung, das Himmel und Erde verbindet.

Herr Gott, himmlischer Vater,

wir danken dir für die Hoffnung,

die du durch Jesus Christus

unter uns gestiftet hast.

Wir bitten dich,

dass dein Heiliger Geist

uns deine Hoffnung

immer wieder aufs Neue nahebringe.

Wir verehren dich, ewiger Gott,

und wir freuen uns, dass du uns

in den Verantwortlichkeiten unseres Lebens

nahe sein willst.

Amen

37
Gerechtigkeit

Tu deinen Mund auf für die Stummen und für die Sache aller, die verlassen sind. Tu deinen Mund auf und richte in Gerechtigkeit und schaffe Recht den Elenden und Armen.
— Spr 31,8 f

Es wäre ein Missverständnis, zu meinen, dieses Bibelwort sei eine Aufforderung, die Armen mit Almosen abzuspeisen. Vielmehr geht es hier um das, was wir heute Teilhaberechte nennen. Dass arme Menschen ein Menschenrecht auf ausreichende Ernährung, Wohnraum und Gesundheitsversorgung haben und in Anspruch nehmen können müssen, ist eine Frage der Gerechtigkeit. Aus der biblischen Überlieferung lerne ich, dass die Elenden und Armen einen Anspruch darauf haben, ihr Recht auch geltend machen zu können.

Doch wie kann ich diesem von den Armen her entwickelten Gerechtigkeitsverständnis in meinen beruflichen Zusammenhängen entsprechen? Wo, wie und wann soll ich meinen Mund auftun für die Stummen und Verlassenen? Die formulierten Fragen zeigen etwas von der Hilflosigkeit eines Lebens in einem reichen Land, in dem die Lebenswelten weit auseinanderklaffen. Natürlich sehe ich auch die Bettelarmen, die ich an den Zugängen zur U-Bahn auf meinem Arbeitsweg um

Geld bittend wahrnehme. Dies scheint mir aber nur ein Teil der Menschen zu sein, die von Armut betroffen sind. Daneben weiß ich von einer sehr viel weitergehenden Schicht von Armen in Bezug auf Einkommen, Bildung und Lebenschancen in unserem Land, die viel schwerer wahrzunehmen ist. Diese Menschen gehören

nicht zu denjenigen, die mich an meinem Arbeitsplatz telefonisch anrufen. Beruflich in Anspruch genommen werde ich als Pfarrer und als Leiter eines kirchlichen Fachdienstes vorrangig von Angehörigen der Mittel- und der Oberschicht, die wunderbar für sich selbst sprechen können. Mich deshalb nun selbst anzuklagen und zu zerfleischen, hilft wohl niemandem. Aber selbstverständlich gilt mir die Aufforderung, die ich mir gesagt sein lassen möchte: „Tu deinen Mund auf für die Stummen!"

Je länger ich über dieses Wort aus den Sprüchen nachdenke und es auf mich wirken lasse, umso mehr fallen mir dann doch Gelegenheiten ein, bei denen Mitmenschen, die arm und elend dran sind, von meiner Fürsprache profitieren können und einen Anspruch darauf haben, dass ich meine Artikulationsmöglichkeiten für sie nutze. Arme im Blick haben und für sie Fürsprache einlegen, das darf im Arbeitsalltag nicht untergehen, sondern gehört zur DNA christlicher Glaubenspraxis. Ich denke an die katholische Ordensschwester Francis aus Umtata, die ich bei einem Afrikaaufenthalt kennenlernte, und andere, die ihr Leben dafür eingesetzt haben, um angesichts von Elend und Armut nicht stumm und untätig zu bleiben. Gerechtigkeit ist mehr als die anteilige Zuteilung von weltlichen Gütern. Recht ist, was die Armen und Elenden in den Blick nimmt. Ein Leben, das sich der Gerechtigkeit Gottes verschrieben hat, ist ein aktives Leben, in dem eine Glaubenspraxis eingeübt wird, die des Mund Auftuns, des Richtens in Gerechtigkeit und des Recht Schaffens. „Kampf und Kontemplation" könnte dieser klassische Zweiklang einer christlichen *praxis pietatis* mit dem Motto von Taizé durchaus genannt werden. Gerechtigkeit nimmt die Stummen wahr und verleiht ihnen eine, unsere Stimme.

Mir ist die Arbeitslosenhilfe zu einem wichtigen Ausdruck meines christlichen Glaubens und ein persönliches Anliegen geworden, weil es dabei darum geht, oft durch die Ermöglichung einer Fortbildung oder einem begrenzten geförderten Arbeitseinsatz, Menschen zu befähigen, sich durch Arbeit selbst zu helfen und ein auskömmliches Leben zu führen. Armut ist dazu da, überwunden zu werden. Arbeit ermöglicht Teilhabe am Leben. Es ist eine Frage der Gerechtigkeit, die vorhandene Arbeit fair unter den Menschen aufzuteilen und die Teilhabe aller zu ermöglichen, denn Armut muss und Armut darf nicht sein.

Herr Gott, himmlischer Vater

und ewiger Herr, wir danken dir,

dass du uns Menschen

in unserer Bedürftigkeit

und in unserem Elend wahrnimmst.

Wir bitten dich: Lass auch uns erkennen,

wann und für wen

wir öffentlich Fürsprache einlegen sollen.

Wir preisen und verehren dich,

weil du die ewige Gerechtigkeit bist,

an der wir schon jetzt Anteil haben wollen.

Amen

38
Lohn

Denn ein Arbeiter ist seiner Speise wert. — Mt 10,10

Was ist meine Arbeitsleistung meinem Arbeitgeber wert? Und für wie wertvoll halte ich selbst meinen Arbeitseinsatz? Heikle Fragen sind das, die sich in jedem Arbeitsleben immer wieder stellen. In dem Lohn, den ich für meine beruflichen Bemühungen bekomme, drückt sich eine mehr oder weniger große Wertschätzung der von mir erbrachten Arbeitsleistung aus. Da die Arbeit, eigentlich jede Arbeit, auch die nicht erstrebenswerte Arbeit, Ausdruck meiner Persönlichkeit ist, tut mangelnde Wertschätzung in Form unzureichender Entlohnung weh. Schließlich wurde meine Arbeitsleistung erbracht unter Einsatz der mir zur Verfügung stehenden geistigen und körperlichen Fähigkeiten und vor allem zulasten der mir nur begrenzt zur Verfügung stehenden Lebenszeit. Die Klage über mangelnde Wertschätzung mag wie ein Luxusproblem wirken, aber angesichts der Zunahme von prekären Beschäftigungsverhältnissen, die nicht existenzsichernd entlohnt werden, wird die existenzielle Bedeutsamkeit der Frage nach dem gerechten bzw. dem angemessenen Lohn deutlich.

Wie eine Lebensregel klingt das Wort Jesu aus der Bergpredigt: Seine Jünger, die er in die Welt sendet, müssen sich schon durch ihre Arbeit erhalten und ernähren können. Und so sollte es auch sein, dass jede menschliche Arbeit, ob geistig oder händisch, doch bitte so entlohnt werden sollte, dass man vom damit verdienten Lohn auch leben kann. Ein Aufstocker zu sein, dessen Lohn durch staatliche Hilfen erst auf ein existenzsicherndes und auskömmliches Niveau geho-

ben werden muss, ist mit der Menschenwürde nicht vereinbar. Doch wie können wir in einer freien Marktwirtschaft, in der Angebot und Nachfrage den Preis bestimmen, den Faktor Menschenwürde in die Lohngestaltung einpreisen? Noch dazu in einer neuen Epoche der Arbeit 4.0, in der nicht mehr nur Maschinen menschliche Arbeit kostengünstig übernehmen, sondern Algorithmen und künstliche Intelligenz dienstbereit rund um die Uhr zur Verfügung stehen. Glücklicherweise wird in vielen Bereichen menschliche Arbeit auf absehbare Zeit weiterhin gebraucht. Doch zu welchem Preis!? Andererseits leben unter uns Zeitgenossen, für die es sich gar nicht mehr lohnt zu arbeiten, weil sie von den Erträgen ihres Kapitalvermögens recht gut leben können.

Das Dictum Jesu verstehe ich auf dem Hintergrund der alttestamentlichen Überlieferung, die selbstverständlich davon ausgeht, dass Geschöpfe Gottes arbeiten und dass sie sich durch ihre Arbeit auch ernähren können. Wenn diese Wechselwirkung von Arbeit und Lohn zu Ungunsten der Menschenwürde aus der Balance gerät, dann sind die Grenzen des Systems einer freien Marktwirtschaft erreicht. Lohngerechtigkeit darf als Ziel menschengerechten Wirtschaftens nicht preisgegeben werden, denn Menschen müssen sich ernähren und viele haben dafür nicht mehr als ihre Hände und ihren Fleiß zur Verfügung. Deshalb muss der Gemeinsinn die Freiheit der Marktteilnehmer einhegen, denn niemand will wirklich Almosen, aber sehr wohl einen gerechten Lohn für den eigenen Einsatz. Arbeit muss sich lohnen und Arbeit muss den Arbeiter und die Arbeiterin ernähren. Die Lohn-

spreizung in Unternehmen ist ein heikles Thema.
Da alle Menschen nicht mehr tun können als arbeiten
und alle von ihrer Arbeit leben wollen und sich ernähren müssen, sollte die Verhältnismäßigkeit gewahrt
bleiben, was leider nur unzureichend der Fall ist. Der
Arbeitslohn ist für dieses irdische Leben bedeutsam,
aber es ist zum Glück nicht der letzte Lohn, auf den
wir Aussicht haben.

Herr Gott, Vater im Himmel,

wir danken dir, dass du

unsere Arbeit wertschätzt

und uns in deinen Dienst nimmst.

Wir bitten dich:

Lass unter uns Menschen

die Einsicht wachsen, dass alle Arbeit

einen gerechten Lohn wert sein muss.

Wir loben dich

für die Gaben deiner Schöpfung,

für die Versöhnung,

die du uns durch Jesus Christus schenkst,

und für die Wirkung des Heiligen Geistes

unter uns.

Amen

Zusammengehörigkeit

Denn wie der Leib einer ist und hat doch viele Glieder,
alle Glieder des Leibes aber, obwohl sie viele sind, doch
ein Leib sind; so auch Christus. Denn wir sind durch einen
Geist alle zu einem Leib getauft, wir seien Juden oder
Griechen, Sklaven oder Freie, und sind alle mit einem Geist
getränkt …. Und wenn ein Glied leidet, so leiden alle Glieder
mit, und wenn ein Glied geehrt wird, so freuen sich alle
Glieder mit. — 1. Kor 12,12 f. u. 26

Berufliche Neuanfänge haben es in sich. Ein erster
Tag auf einer neuen Stelle fühlt sich merkwürdig an.
Man gehört schon dazu und ist faktisch Bestandteil
der Rituale des Miteinanders, die Spielregeln der
Zusammenarbeit, die gemeinsam geteilten Sprach-
muster sind einem aber noch nicht vertraut und be-
fremdlich. Das Neue regt an und es verunsichert. Die
Frage stellt sich: Was verbindet nun das Team, dessen
Teil ich jetzt bin, strukturell und inhaltlich miteinan-
der? Was ist der „Spirit" meiner neuen Firma? Was ist
der „Geist", in dem hier zusammengearbeitet und das
Miteinander gestaltet wird?

Großartig, dass wir Christen so viele sind! Faszinierend, wenn unterschiedliche Menschen vom selben Geist beseelt sind und dann womöglich dieselben Ziele verfolgen und sich als zusammengehörig erleben. Christus ist die verleiblichte Einheit, die Paulus bezeugt. Durch die Taufe sind wir in diese Einheit einverleibt. Einheit und Vielfalt sind keine primär geistlichen oder geistigen Vorgänge, sondern drücken sich leiblich und sichtbar aus.

Die Einheit und die Vielfalt sind Gnadengaben, Charismen, Wirkungen des Heiligen Geistes! Sie zu erleben ist ein wunderbares Widerfahrnis. Dies gilt es festzuhalten, auch angesichts der Lebens- und Arbeitswelterfahrung, dass es nichts Schwierigeres gibt als aller Vielfalt zum Trotz Einheit zu leben. Eine Einheit wäre anzustreben, die nicht als verordnete Einheitlichkeit erlebt wird, die Vielfalt produktiv integriert und gemeinschaftsfördernd überbietet.

Weil Einheit und Vielfalt bereits Gnadengaben sind, so wird die Wahrnehmung von Zugehörigkeit und Zusammengehörigkeit auch die Wirkung des Heiligen Geistes voraussetzen. Gott weist uns Menschen aneinander und uns fällt es doch häufig so schwer, uns wechselseitig gelten zu lassen und uns aneinander zu freuen. Komm Heiliger Geist und führe zusammen, was doch zusammengehört und von selbst nicht zusammenfindet! Aber ich denke noch nach über die Zugehörigkeit zu jener Einheit, von der Paulus spricht. Diese Einheit ist in Jesus Christus selbst begründet. Wie kann diese in einem säkularen und möglicherweise unchristlichen Umfeld gelebt und erfahren werden? Aber ist es nicht so, dass über die Zugehörigkeit zum Leib Christi gar nicht von mir entschieden wird? Möglicherweise ist der Leib Christi umfassender als meine beschränkte Vorstellungskraft. Ist es nicht erst einmal ausreichend, dass ich selbst dazugehören darf? Und sicher entdecke ich auch an einem neuen Arbeitsplatz im Laufe der Zeit noch mehr Kollegen und Kolleginnen, die offensichtlich oder auf den zweiten Blick auch dazugehören. In Jesus Christus ist die Verleiblichung der Einheit vorgegeben. Im Heiligen Geist führt er die widerstrebenden Glieder dieses Leibes zusammen.

Herr Jesus Christus,

wir danken dir,

dass du für uns die Einheit mit Gott

und untereinander

ermöglicht und geschaffen hast.

Wir bitten dich: Lass uns

die Zugehörigkeit zum Leib Christi

selbst hilfreich erfahren

und gegenüber anderen überzeugend leben.

Wir loben dich, dreieiniger Gott,

dass wir im Heiligen Geist

miteinander verbunden sind.

Amen

40
Menschwerdung

*Und das Wort ward Fleisch und wohnte unter uns,
und wir sahen seine Herrlichkeit, eine Herrlichkeit als
des eingeborenen Sohnes vom Vater, voller Gnade
und Wahrheit. — Joh 1,14*

Das Evangelium von Jesus Christus ist keine abgehobene Geschichte, keine abstrakte Idee oder ein jenseitiger Vorgang. Gott lässt sich mit der Sendung Jesu auf unsere, auf die menschliche Lebensweise ein. In Jesus reiht sich Gott in unsere Zusammenhänge auch in räumlicher Hinsicht ein. In Jesus kommt Gott Menschen zum Greifen nahe. Er scheut unsere Nachbarschaft nicht.

Das Johannesevangelium erzählt – wie die anderen Evangelien auch – keine rein historische Geschichte, sondern ist auf Glaubensverkündigung hin angelegt. Insofern dürfen wir die Menschwerdung des Gottessohnes Jesus Christus auch auf unser Arbeits- und Berufsleben anwenden. Indem sich Gott in der Sendung Jesu auf das menschliche Leben einlässt, bekommt der Glaube Hand und Fuß. Der Glaube bleibt nicht abstrakt, sondern wird fleischlich konkret. Die Hinwendung Gottes zu den Menschen beinhaltet zwangsläufig eine Hinwendung zur Arbeitswelt, die von jeher, auch schon zu biblischen Zeiten, einen unverzichtbaren Bestandteil der menschlichen Lebenswelt bildet.

Von daher ist die Arbeitswelt kein exterritoriales Gebiet für den Glauben. Gott ist schon längst dort, bevor wir den Fuß über die Schwelle unserer Dienststelle gesetzt haben. Er begegnet uns in ihr möglicherweise nicht im Strahlenkranz göttlicher Herrlichkeit, sondern in der Bitte eines hilfesuchenden Kollegen und dem Ansinnen eines anstrengenden Klienten, wer weiß. Dass wir der Herrlichkeit des Gottessohnes gewahr werden, dazu bedarf es schon des gnadenvollen Wirkens des Heiligen Geistes. Dann sind Gnade und Wahrheit auch unter den Bedingungen einer Arbeit 4.0 erfahrbar. Dabei wird es sich wohl zunächst um Wesensäußerungen Gottes selbst handeln, weil er allein die Gnade und Wahrheit schlechthin verkörpert. Aber wenn wir von dieser Herrlichkeit Gottes durch das Hören auf das Evangelium nur einen fernen Reflex wahrgenommen haben, dann werden wir wohl auch im beruflichen Umfeld selbst nicht gnadenlos und unwahrhaftig sein wollen. Gott ist sich nicht zu fein, menschliche Gestalt anzunehmen, deshalb möchte ich meinerseits auch sorgsam mit meinen Mitmenschen umgehen.

Durch die Menschwerdung in Jesus Christus heiligt Gott den Menschen insgesamt, was konkret meinen Kollegen und meine Kollegin betrifft und beinhaltet. Durch die Menschwerdung des Gottessohnes wird der Glaube von einer himmlischen zu einer irdischen Geschichte. Wo in der Arbeitswelt wird für mich die Herrlichkeit Gottes anschaulich und sichtbar? Sicher in den begegnenden Menschen, aber auch in den gesprochenen Worten – da und dort, wo und wie es Gott eben gefällt.

Weil sich Gott in Jesus Christus so unmittelbar und direkt auf die Menschenwelt einlässt, steht es uns als Christen nicht gut zu Gesicht, sich durch Weltflucht aus den Widersprüchen dieses Lebens und dieser Welt herauszuhalten. Denn diese Welt ist als Wohnraum Gottes wertgeschätzt und geadelt. In ihr spiegelt sich immer wieder Gottes Herrlichkeit, deshalb legt es sich gerade nicht nahe, ihr den Rücken zuzuwenden. Es gibt kein Ausweichen. Wir sind Mitbewohner Gottes. Durch Jesus Christus sind wir in den Wohnraum göttlicher Gnade und Wahrheit hineingetauft, der über unsere Privatgemächer und Kirchen hinaus auch in eine manchmal gnadenlose Arbeitswelt hineinreicht.

Herr Jesus Christus,

wir danken dir für deine Menschwerdung

durch die du dich an unsere Seite gestellt hast.

Wir bitten dich: Lass uns selbst

Menschlichkeit in Gnade

und Wahrheit in unserem Umfeld

leben und bezeugen.

Wir loben und verehren dich

als den menschgewordenen Gott,

Vater, Sohn und Heiligen Geist.

Amen

41
Sonntag

Und als der Sabbat vergangen war, kauften Maria
Magdalena und Maria, die Mutter des Jakobus,
und Salome wohlriechende Öle, um hinzugehen und
ihn zu salben. Und sie kamen zum Grab am ersten Tag der
Woche, sehr früh, als die Sonne aufging. – Mk 16,1 f.

Sonntag für Sonntag wird jener Sonnenaufgang ver-
gegenwärtigt, von dem der Evangelist Markus berichtet. Für die Frauen unterwegs zum Grab hatte der Tag
mit Trauer und Entsetzen begonnen. Sie hatten die
Sabbatruhe eingehalten und abgewartet, um dann
ihren am Kreuz gestorbenen Meister nach orientali-
schem Brauch die letzte Liebesbekundung zu erweisen. Zunächst wird von Markus ein lebenspraktischer
Vorgang berichtet: Die Frauen kaufen wohlriechende
Öle. Es geht also erst einmal sehr irdisch zu, bevor
der Evangelist mit den ungewöhnlichsten ihm zur Verfügung stehenden Stilmitteln das Handeln Gottes an
diesem Jesus von Nazareth berichtet, das seine Jünger
und Jüngerinnen nicht erwartet und für möglich gehalten haben.

Seit jenem Sonnenaufgang ist alles anders. Dies gilt
für die Frauen am Grab und für uns. Trauer und Ent-

setzen sind noch immer Realität in dieser Welt. Aber genauso ist die frohe Botschaft, das Evangelium, von der Auferstehung Jesu eine Realität und eine Hoffnungsgeschichte, die seit jenem ersten Tag der Woche ihren fortlaufenden Widerhall in den Herzen vieler Menschen findet.

Die Welt erfährt an jenem ersten Tag der Woche von Gott her eine solche umstürzende Veränderung, dass Christen Sonntag für Sonntag innehalten, um sich des Evangeliums von Kreuz und Auferstehung Jesu Christi zu vergewissern. Seit jenem ersten Tag der Woche, von dem der Evangelist berichtet, kann kein erster Tag der Woche mehr ein Tag sein wie jeder andere auch. Der Sonntag ist einfach zu schade, um ihn auf der Arbeit zu verbringen oder ihn mit werktäglichen Verrichtungen wie dem Ankauf und Verkauf von Waren und Dienstleistungen zu vergeuden. Die Woche beginnt mit Auferstehungsfreude und einer Hoffnungsgeschichte des Glaubens. Im Gottesdienst der Gemeinde findet die Auferstehungsfreude ihren gemeinschaftlichen Ausdruck. Im Gottesdienst ist Zeit für das gemeinschaftliche Hören auf die Hoffnungsgeschichte des Glaubens.

Wenn ich den Sonntag in diesem Sinne als Sonntag begehe, dann bekommen die Alltagsgeschäfte der sich anschließenden Werktage einen anderen Stellenwert. Denn an der Auferstehungsfreude habe ich ja nun bereits Anteil und diese Hoffnungsgeschichte des Glaubens hallt noch in mir nach. Die Sonne ist über meinem Leben bereits aufgegangen. Die Sonntagsruhe ist mir heilig, weil ich die Sonne des Auferstehungsglaubens Woche für Woche über meinem Leben aufgehen sehen will. Und wie schön ist es doch, wenn meine Frau, meine Familie, vielleicht sogar die Nachbarschaft, möglicherweise auch das weitere Umfeld der Gesellschaft diese Sonntagsruhe mit mir teilen und mir diese ermöglichen.

Ich habe einmal eine Beerdigung einer bedeutenden Theologin an einem trüben Wintertag miterlebt. Am Grab sangen Freunde von ihr: „Christ ist erstanden". Und plötzlich rissen die Wolken auf und ein heller Sonnenstrahl von oben fiel auf das Grab und die Trauergemeinde. Da war mit einem Mal Sonntag, sogar an einem Werktag.

Es darf doch um Gottes Willen nicht bei Trauer und Entsetzen bleiben. Die Sonne muss regelmäßig über unserem Alltag aufgehen, genau dies feiern wir an jedem Sonntag.

Lieber Gott und Vater,

wir danken dir für die frohe Botschaft

von der Auferstehung

deines Sohnes Jesus Christus.

Wir bitten dich:

Mach uns in unserem familiären

und beruflichen Umfeld

zu glaubwürdigen Zeugen des Auferstandenen.

Wir loben und preisen dich,

dreieiniger Gott, als den Anfänger

und Vollender des Glaubens.

Amen

42
Konflikt

Als aber Kephas nach Antiochia kam, widerstand ich ihm ins Angesicht, denn er hatte sich ins Unrecht gesetzt. — Gal 2,11

Die biblische Geschichte ist eine Geschichte des Konflikts. Sie erzählt von Konflikten zwischen Gott und Mensch sowie von Konflikten zwischen Menschen, angefangen mit Kain und Abel. Die Gebote Gottes und der menschliche Gestaltungswille standen seit der Vertreibung aus dem Paradies in steter Regelmäßigkeit immer wieder in einem schroffen Gegensatz. Davon legt die Bibel ein beredtes Zeugnis ab. Die zahllosen großen und kleinen Konflikte des Lebens, von denen die Bibel erzählt und die wir selbst im Alltag erleben, sind Fortführungen und Konsequenzen jenes Grundkonflikts zwischen Himmel und Erde.

Im Galaterbrief berichtet Paulus von dem Idealfall eines Konfliktes. Petrus und er führen eine Auseinandersetzung von Mensch zu Mensch im direkten und offenen Gegenüber. In solchen auf gleicher Augenhöhe geführten Konflikten liegt eine große reinigende, klärende und Neuanfänge eröffnende Kraft. In jeder parlamentarischen Debatte wird diese Form der diskursiven Konfliktklärung bis heute praktiziert, weil sie dem demokratischen Prinzip unmittelbaren Ausdruck verleiht.

Der Konflikt zwischen Petrus und Paulus zeigt, dass es verschiedene Sichtweisen desselben Glaubens gibt, denen ihre Berechtigung nicht von vornehinein abgesprochen werden kann. Er zeigt auch die Notwendigkeit, dass die am Konflikt beteiligten Personen und Parteien ihre Sache bzw. ihr Anliegen deutlich und entschieden vertreten. Mit vorweggenommener Nachgiebigkeit ist niemandem geholfen.

Leider läuft die Mehrzahl aller Konflikte im Privatleben und erst recht im Berufsleben subtiler und versteckter ab. Dies muss gar nicht von den Konfliktparteien von vorneherein arglistig beabsichtigt worden sein. Manchmal möchte man einander zeitaufwändige und ehrverletzende Auseinandersetzungen ersparen. Häufig stellt man erst im Nachhinein fest, wie sehr einen eine unbedachte Äußerung eines Kollegen oder Vorgesetzten gekränkt hat. Aber der Konflikt und eine damit einhergehende Kränkung oder Verärgerung sind weiterhin da und verschaffen sich nur zu leicht an der falschen Stelle und zum ungünstigen Zeitpunkt Luft. Im Berufsleben erschweren hierarchische Strukturen eine eigentlich wünschenswerte gleichberechtigte Austragung von Differenzen. Unter den Teppich gekehrte Konflikte und hintenherum versteckt ausgetragene Konflikte können das Betriebsklima so nachhaltig vergiften, dass Mitarbeitende und Führungskräfte davon krank werden.

Das apostolische Beispiel der Konfliktklärung mag Christen Ansporn und Ermutigung sein, möglichst rechtzeitig und offenherzig im Falle eines Konflikts das persönliche klärende Gespräch zu suchen, bei dem es sich die Gesprächspartner im Interesse der Nachhaltigkeit der Klärung nicht zu leicht machen sollten.

Da es aber in der Arbeitswelt häufig um sehr viel mehr und um sehr viel Grundsätzlicheres als einen persönlichen Konflikt oder gar eine wechselseitige Abneigung geht, bedarf es Strukturen sowie verbindlicher Regeln der Konfliktklärung. Betriebsräte sind kongenialer Ausdruck einer Konfliktlösung auf Augenhöhe. Dasselbe gilt für Mitarbeitervertretungen im Bereich von Kirche und

Diakonie, deren Einsatz dringend notwendig und für ein gedeihliches Miteinander unverzichtbar ist. Es stimmt eben nicht: Wir haben uns doch alle lieb! Und selbst da, wo es weitgehend gut miteinander geht, da gibt es notwendigerweise sachliche Differenzen und unterschiedliche Einschätzungen.

Gott geht dem Konflikt mit uns Menschen auch nicht aus dem Weg. Gott hat die Differenz zwischen Mann und Frau, Alten und Jungen, Reichen und Armen, Gesunden und Kranken usw. in seiner Schöpfung grundgelegt. Kein Wunder, dass wir miteinander immer wieder in Konflikt geraten, aber es darf doch um Gottes Willen nicht dabei bleiben. Mit einem Konflikt zu leben und ihn mit sich herumzuschleppen, ist keine Lösung. Es ist auch unnötig, denn die meisten Konflikte sind lösbar.

Dreieiniger Gott,

wir danken dir

für die Versöhnung,

die du uns in Jesus Christus bereitet hast.

Wir bitten dich

um deinen Heiligen Geist

der Unterscheidung und des Friedens

in den Konflikten unseres Arbeitslebens.

Wir loben dich für die Hoffnung

auf die kommende Welt ewigen Friedens.

Amen

43

Abendmahl

Ich bin das Brot des Lebens. Wer zu mir kommt,
der wird nicht hungern; und wer an mich glaubt,
der wird nimmermehr dürsten. – Joh 6,35

Broterwerb ist ein berechtigtes und vorrangiges Ziel
jeder Berufstätigkeit. Brot bleibt auch in einem digitalen Zeitalter ein unverzichtbares Grundnahrungs-
mittel. Alle brauchen ihr tägliches Brot und dieses
tägliche Brot will erst einmal verdient sein. Brot mag
hier für das elementar Lebensnotwendige im umfassenden Verständnis stehen. Aber die frischen Bröt-
chen zum Frühstück müssen erst einmal bezahlt und
vorher durch Erwerbsarbeit verdient werden. Und sowohl der Bäcker als auch die Bäckereifachverkäuferin
sind darauf angewiesen, dass die Produkte aus ihrer
Fertigung auch konkret gekauft und bezahlt werden.
Die Werbung, der wir kaum entgehen können, ver-
deutlicht uns, dass wir über das tägliche Brot hinaus
noch sehr viel mehr Konsumgüter dringend brauchen.
Trotzdem bleiben Hunger und Durst die elementaren
Formen menschlicher Bedürftigkeit, die jeder kennt.

Die Arbeitswelt ist voller Hunger und Durst, der durch
einen Kantinenbesuch allein nicht gestillt werden
kann. Hunger nach Anerkennung, Wahrnehmung, be-

ruflicher Weiterentwicklung sind völlig normale und verbreitete Bedürfnisse. Durst nach Mitmenschlichkeit, nach Kollegialität, nach Lebendigkeit, nach Sinnhaftigkeit und nach Erfüllung – das dürfte niemandem fremd sein, der seinen Lebensunterhalt mit Arbeit bestreitet. Ist es möglich, all diesen Hunger und diesen Durst nach gelingendem Leben im Arbeitsleben zu stillen? Arbeit füllt unsere Zeit gut aus, aber ist sie deshalb schon erfüllend? Bleibt da nicht oft eine Leere zurück, selbst am idealsten Arbeitsplatz?

Jesus verwendet das Bildwort des Brotes, um zu veranschaulichen, was er für Menschen bedeutet, wer und was er für uns ist. Jesus ist unser Lebensmittel, das uns sättigt, wenn uns auf anderes schon längst der Appetit vergangen ist. Eine Übersetzungs- und Deutungsmöglichkeit für arbeitende Menschen wäre: Ich bin der Sinn des Lebens. Wie viele Arbeitsstunden entbergen ihre Sinnhaftigkeit nicht so ohne Weiteres aus sich selbst? In der durch die Auferstehung Jesu eröffneten Perspektive der Hoffnung auf Erlösung, die wir selbst nicht schaffen können, finden unsere Bemühungen doch noch ihren krönenden Abschluss und ihre Vollendung.

Der Glaube daran, dass Jesus uns Brot zum Leben und Brot des Lebens sein will, ist mehr und etwas anderes als eine Geistesleistung. Brot ist zum Essen da. Im Abendmahl wird anschaulich und mitvollziehbar, wer und was unseren Hunger und unseren Durst stillt. Das Abendmahl bildet die elementarste Zusammenfassung des christlichen Glaubens: Christi Leib für mich gegeben. Christi Blut für mich vergossen. Abgesehen von

Krankenhäusern sowie von Alten- und Pflegeheimen werden die meisten Arbeitsplätze als ungeeignet für die Feier des heiligen Abendmahls angesehen. Dabei geht es bei der Arbeit und beim Abendmahl beide Male um etwas grundlegend Gemeinsames: Es geht um Broterwerb. Es geht um die Frage, was mich nährt und was mich satt macht. Das Abendmahl beim Sonntagsvormittagsgottesdienst setzt mich zu meinen Mitmenschen noch einmal in anderer Weise in Beziehung. Wir sind alle Geschöpfe ein und desselben Gottes, die alle hungern und dürsten nach Gerechtigkeit. Die Arbeitswoche müsste eigentlich von daher anders verlaufen, wenn ich am Sonntag Abendmahl mitgefeiert habe.

Herr Jesus Christus,

wir danken dir, dass du für uns

das Brot unseres Lebens bist.

Wir bitten dich, dass es uns

in unserem Wirkungskreis

noch viel besser gelingen möge,

den Hunger und den Durst

unserer Mitmenschen stillen zu helfen.

Wir loben und preisen dich,

dreieiniger Gott, dass wir von dir

die Grundlage unseres Lebens

und in dir das Ziel unseres Lebens haben.

Amen

44
Besitz

Die Erde ist des Herrn und was darinnen ist,
der Erdkreis und die darauf wohnen. – Ps 24,1

Besitztümer sichern, Besitz wahrnehmen, Besitz erwerben – all dem gilt direkt oder indirekt ein erheblicher Teil der im Arbeitsleben eingesetzten Energie. Da, wo Besitzansprüche geltend gemacht werden, gehen diese stets auch mit Gestaltungswillen einher. Besitz ist rechtlich geschützt. Der Firmenbesitz, aber auch staatliche oder kirchliche Besitztümer sind mehr oder weniger sakrosankt im Wirtschaftsleben. Nicht zuletzt für den einzelnen Arbeitnehmer ist es nach wie vor erstrebenswert, Grund- und Wohneigentumsbesitz zu erwerben und sich so eigenständige Gestaltungsmöglichkeiten zu schaffen. Beim Thema Besitz schwingt häufig eigensinnige Selbstbehauptung mit, dass sich der Besitzer oder die Besitzerin freie Verfügung über seinen bzw. ihren Besitz vorbehält.

Die Heilige Schrift reklamiert nun die gesamte Erde für den Herrn des Himmels und der Erde. „Die Erde ist des Herrn." Damit erfahren alle berechtigten und unberechtigten menschlichen Besitzansprüche eine nachdrückliche Relativierung. Menschlicher Besitz ist in zeitlicher Hinsicht nur eine vorläufige Angelegenheit. Im Horizont der Ewigkeit handelt es sich viel eher um eine Leihgabe. Zudem setzt menschlicher Besitz Gottes Schöpferhandeln voraus. Außerdem gibt Gott seine Besitzansprüche auf die Erde und seine Bewohner überhaupt nicht preis. Die Erde ist auch weiterhin des Herrn.

Diese theologische Relativierung menschlichen Besitzstandsdenkens ist doch dringend notwendig und hilfreich. Wir haben eben kein freies Verfügungsrecht über die Erde und ihre Bewohner, sondern diese Einschränkung macht einen achtsamen Umgang mit den

anvertrauten Gütern erforderlich. Bewahrung der Schöpfung ist selbstverständlicher Ausdruck der Geschöpflichkeit des Menschen. Deshalb stelle ich mir die Frage: Wie kann ich in meinem beruflichen Umfeld ökologische Verantwortung wahrnehmen? Wenn ich das Bekenntnis des 24. Psalms zu den Besitzverhältnissen in der Schöpfung in mich aufnehme und ihm in mir Raum gebe, dann werden Besitzstandsdenken und Besitzstreben sicher nicht meine persönliche Haltung sein können. Ich höre allerdings aus dem 24. Psalm auch eine mich beruhigende Zusage heraus: Die Erde und ihre Bewohner sind des Herrn. Und ich hoffe sehr, dass Gott der Herr seinen Besitz auch schützend und bewahrend in Anspruch nimmt und dabei auch mich und meine kleine Welt mit einschließt.

Leider tun wir Menschen gerade durch unsere berufliche Tätigkeit dieser Erde ökologisch sehr viel Gewalt an. Dabei denke ich beispielsweise nur an meine eigenen zahlreichen Dienstreisen, aber auch den bei einer Bürotätigkeit anfallenden Ressourcenverbrauch. Das Klimaproblem ist bekannt, aber noch längst nicht mit hinreichender Konsequenz Maßstab beruflichen Handelns. Wie schön und lebensrettend wäre es doch, wenn allen Berufstätigen der pflegliche Umgang mit der Leihgabe von Gottes Erde noch besser gelänge! Gott stellt uns seinen Besitz zur zeitweiligen Nutzung zur Verfügung. Dem Herrn des Himmels und der Erde ist die Schönheit und der Reichtum seines Eigentums zu verdanken. Aber vielleicht führt das Bewusstsein über die wahren Besitzverhältnisse auf dieser Erde doch schon zu einem anderen, respektvolleren, behutsameren und bewussteren Umgang. Es wäre dringend erforderlich!

Herr Gott, Schöpfer der Welt,

wir danken dir für die Schönheit

und den Reichtum deiner Schöpfung.

Wir bitten dich: Befähige uns

zu einem achtsamen Umgang

mit den Gaben dieser, deiner Welt.

Dich loben und preisen wir,

dreieiniger Gott,

als den Anfänger, den Erhalter

und den Vollender all dessen, was lebt.

Amen

45
Kreuz

Denn das Wort vom Kreuz ist eine Torheit denen,
die verloren werden; uns aber, die wir selig werden,
ist es Gottes Kraft. – 1. Kor 1,18

Das Kreuz hängt in zahlreichen Amtsstuben von Behörden – ganz besonders in Süddeutschland ist dies noch häufig der Fall. Viele mehr oder weniger kirchlich verbundene Arbeitnehmer statten ihren persönlichen Arbeitsplatz mit einem individuell gestalteten Kreuz aus. In den öffentlichen Verkehrsmitteln begegnet man zu den Zeiten des Berufsverkehrs regelmäßig zahlreichen Berufstätigen, die ein Kreuz um den Hals tragen, sei es als Schmuck oder als Bekenntnis oder als ein bisschen was von beidem. Jedenfalls ist das Kreuz in Europa und darüber hinaus ein religiöses, ein politisches und ein kulturelles Symbol. Im Zeichen des Kreuzes wurden im Laufe der Menschheitsgeschichte Kriege geführt und auch Versöhnung gestiftet. Das Kreuz in seiner verdinglichten Form als Gegenstand ist vieldeutig und löst die gegensätzlichsten Gefühle und Erwartungen aus.

Wenn der christliche Glaube nicht eine kraftlose Angelegenheit werden will, dann bedarf er der Erinne-

rung durch Paulus an das Wort vom Kreuz, das sich nicht verdinglichen lässt. Man kann das Wort vom Kreuz durchaus an den Arbeitsplatz und an die Dienststelle mitnehmen, indem man es im Herzen bewegt oder indem man es auf die Lippen nimmt. Dem Kreuz als Gegenstand kommt höchstens eine Verweisfunktion für den Glauben zu – sozusagen eine Art Gedächtnisstütze. Insofern sind Kreuze durchaus nützlich, wenn auch für den Glauben nicht zwingend erforderlich. Nicht hilfreich wäre ein magisches Missverständnis als automatisch wirksames Heilmittel.

Das Wort vom Kreuz ist ein unüberbrückbare Spannungen aufdeckendes Wort. Nun ist die Arbeitswelt vor allem dies – sie ist eine Welt voller Spannungen und schroffer Gegensätze. Deshalb ist das Wort vom Kreuz im Berufsleben das rechte Wort am rechten Ort. Denn das Wort vom Kreuz spricht zusammen, was Menschen nicht zusammenbringen: Gott und Mensch, Schuld und Sühne, Anfang und Ende, Zeitlichkeit und Ewigkeit. Sie sind versöhnt durch das Leiden und Sterben Jesu Christi am Kreuz auf Golgatha. Das Wort vom Kreuz spricht zusammen, was Menschen nicht zusammendenken können, was aber neue Perspektiven auf meinen Arbeitsalltag eröffnet. Das Kreuz Jesu Christi ist von Gott her ermächtigt, mich mit meiner eigenen Arbeitsbilanz auszusöhnen. Gott hat sich mit mir ausgesöhnt – wer bin ich, dass ich weiterhin über Kollegen oder Vorgesetzte unversöhnlich rede oder denke? Das Kreuz Jesu Christi stellt menschliches Denken umstürzend auf den Kopf: Aus Leiden wird Seligkeit, aus Vergangenheit wird Zukunft, aus Dummheit wird Weisheit und aus Tod wird Verheißung. Gottes Kraft ist es, die solches vermochte und auch weiterhin vermag. Im Hören auf das Wort vom Kreuz gebe ich verloren, was eh keine Kraft mehr hat und aus der Zeit gefallen ist: Meine eigene Kraftmeierei, mein Geltungsbedürfnis, mein Machtwille und mein Eigensinn – das alles hat verloren, weil es doof ist und keine Zukunft hat. Denn das Wort vom Kreuz zeigt die Armseligkeit und Begrenztheit rein menschlicher Erkenntnis. Das Wort vom Kreuz vermag mehr und anderes als menschliche Worte. Es vermag mich und alle, die darauf hören, selig zu sprechen. Eine über meinen Arbeitsalltag weit hinausweisende Perspektive ist mir somit längst eröffnet, die alle rückwärtsgewandten Strategien der Selbstbehauptung ad absurdum führt.

Allmächtiger Gott und Vater,

wir danken dir für dein Wort vom Kreuz,

das uns mit dir versöhnt hat.

Wir bitten dich, befähige uns,

in unserem Arbeits- und Lebensumfeld

versöhnlich zu wirken.

Wir loben dich, Gott, Vater,

Sohn und Heiliger Geist

als Anfänger, Versöhner

und Vollender allen Lebens.

Amen

46

Geschichte

Ich will meinen Mund auftun zu einem Spruch und Geschichten verkünden aus alter Zeit. Was wir gehört haben und wissen und unsere Väter uns erzählt haben, das wollen wir nicht verschweigen ihren Kindern; wir verkündigen dem kommenden Geschlecht den Ruhm des Herrn und seine Macht und seine Wunder, die er getan hat. – Ps 78,2–4

Jeder Arbeitstag hat seine eigene Herausforderung. Täglich tun sich neue nicht vorhersehbare Probleme auf, die bewältigt sein wollen. Die Problemlösungsstrategien der Vorgängergeneration helfen meistens nicht weiter. Obwohl ich denselben Arbeitsplatz einnehme wie mein Vorgänger, tue ich dieselbe Arbeit in einer anderen Zeitepoche und muss mit anderen Mitarbeitenden und Zielgruppen zusammenarbeiten. Ist es von daher gleichgültig, wer vor mir auf meiner Stelle war und was damals gedacht und gemacht worden ist? Meine persönliche Antwort auf diese Frage lautet entschieden: Nein! Bewusst oder unbewusst ist der Geist oder der Ungeist der Vorgängergeneration noch lebendig und wirksam. Und in vieler Hinsicht sind es auch doch wieder dieselben Probleme und Herausforderungen, vor denen meine Vorgänger auch

schon standen. Insofern gibt es doch allen Grund aus der Geschichte zu lernen.

In der Arbeitswelt 4.0 hat durch die Digitalisierung aller Arbeitsprozesse das Tempo der Veränderungen eine solche Geschwindigkeit angenommen, dass der Eindruck einer völlig neuen Arbeitswelt entstehen kann, für die die Erfahrungen der Ehemaligen keine Hilfe und keine Orientierung mehr sein können.

Der christliche Glaube nun hat eine lange Geschichte, und klug sind wir, wenn wir daraus lernen. Von Generation zu Generation wird die Botschaft vom Heilshandeln Gottes in Jesus Christus weitergegeben. Leider ist diese Weitergabe des Glaubens in unseren Tagen besonders schwierig geworden. Denn einer in Echtzeit weltweit elektronisch kommunizierenden Generation erschließt sich die Bedeutsamkeit der Glaubensgeschichte nicht von selbst. Nach meiner Berufserfahrung gewinne ich für meinen Arbeitsalltag aber sehr viel, wenn ich mir die Zeit nehme, den Vorgängern und den Ehemaligen zuzuhören und mir erklären zu lassen, warum sie was wie gemacht haben. Unser Gespräch gewinnt dann an Tiefgang, wenn, wo es dazu die Möglichkeit gibt, auch mitbesprochen wird, welches Ethos und welche Glaubensüberzeugung hinter dieser oder jener Maßnahme und Aktion standen. Wann und wie hat mein Vorgänger und haben unsere Ehemaligen den Segen Gottes auf ihrer Arbeit zu spüren bekommen? Mit welchen Anfechtungen mussten „die Alten" zurechtkommen? Jeder Betrieb und jede Einrichtung braucht die Pflege eines soziokulturellen Gedächtnisses, das durch mündliche Überlieferung, durch ausgewählte Dokumente und regelmäßige Begegnungen von Aktiven und Ehemaligen zu pflegen ist. Dabei wird sich häufig zeigen, dass das Neue so neu gar nicht ist. Die Vergangenheit ist lebendig, so oder so. Vor allem darf nicht vergessen werden und sollte bedacht und ausgesprochen werden, was Gott an uns Gutes getan hat. Er hat uns zu einem tätigen Leben beauftragt und uns Fähigkeiten dazu geschenkt. Wir sind umgeben mit Kollegen und Menschen, die auf unsere Dienste warten. Gott selbst hat mit uns schon seine Geschichte, die uns auch am Ort der Arbeit begleitet.

Herr Gott, himmlischer Vater,

wir danken dir, dass du dich

bereits unseren Vorgängern

und unseren Ehemaligen

segensreich zugewandt hast.

Wir bitten dich, dass wir

mit ihrem Erbe und ihrer Hinterlassenschaft

sorgsam und achtsam umgehen

und aus ihren Erfahrungen

und aus ihren Fehlern lernen.

Wir loben und preisen dich

als unseren Herrn der Geschichte,

den Schöpfer von Zeit und Ewigkeit.

Amen

47 Gesundheit

Heile du mich, Herr, so werde ich heil; hilf du mir, so ist mir geholfen; denn du bist mein Ruhm. — Jer 17,14

Salutogenese ist ein neues wissenschaftliches Fachgebiet und in vielen Branchen ein Bestandteil moderner Unternehmensstrategie. Mitarbeitende sollen und wollen über ein langes Arbeitsleben an Leib und Seele gesund bleiben. Diese Selbstverständlichkeit ist unter den Bedingungen von Arbeit 4.0, die eine ungeheure Verdichtung und Dynamisierung von Arbeitsabläufen beinhaltet, nicht so einfach zu gewährleisten. Schon immer hat die Arbeit Menschen verbraucht und verschlissen. Was ist es nur, dass sich heute trotz arbeitserleichternden Einsatzes von moderner Datenverarbeitung so viele Arbeitnehmende leer und ausgebrannt fühlen? Ist der virtuelle Raum an allem schuld, der als zusätzliche Arbeitsebene zum betrieblichen Umfeld hinzugekommen ist? Vermutlich sind es viele Faktoren, die zusammenkommen, so dass Menschen ihre Arbeit als krankmachend erleben. Gleichzeitig wächst die Sehnsucht nach Gesundheit: Gesunde Ernährung und Ausgleichssport prägen den Alltag vieler. Unterschiedliches wird für gesund gehalten. In manchen großen Firmen werden sogar Fitnessstudios

für Mitarbeitende vorgehalten: Gesund bleiben ist fast alles.

Gesundheit und Krankheit gehören zum Menschenleben dazu. Die Bibel berichtet von beidem. Im Buch des Propheten Jeremia wird der Ruf nach Heilung laut. Gott selbst ist und bewirkt Heilung. Heil werden bedeutet noch mehr als gesund sein. Heil im umfassenden Sinn schließt auch meine Beziehungen mit ein. Heil bin ich, wenn Gott mit mir im Reinen ist. „Hilf dir selbst, dann hilft dir Gott" – ein ziemlich dummes Sprichwort. Jeremia kann sich nicht mehr selbst helfen, sondern fleht Gott um Hilfe an. All dies ist kein Anlass zum Selbstruhm, sondern Gott gebührt aller Ruhm, weil er heilen und helfen kann.

Der Glaube an den heilenden und helfenden Gott bewahrt uns hoffentlich vor dem Abstumpfen gegenüber den krankmachenden Antreibern des Arbeitslebens. Gott will das Heil von uns Menschen. Er will uns Hilfe sein. Kann dies nicht auch so geschehen, dass dem Alltagserfolg keine heilsvermittelnde, sondern eine vorläufige Bedeutsamkeit zugemessen wird? Es hilft doch, wenn die heilsame Begrenzung der Arbeit durch den Sabbat in Gestalt von praktizierter Sonntagsruhe, einem Feierabend und einem erwartbaren Ruhestand ernst genommen wird. Arbeiten an sich macht Freude und ist gesund. Arbeit aber, die nie unterbrochen wird und nicht aufhört, macht an Leib und Seele krank. Außerdem muss und darf es im Leben noch etwas anderes geben als Arbeit. Vielleicht hilft mir auch die Überlegung, dass meine Arbeit vor mir ein anderer gemacht hat und nach mir von jemand anderem weitergeführt wird, vor heilloser Selbstüberschätzung und vor Selbstausbeutung. Arbeit ist eine Hilfe, das Leben zu bewältigen. Aber Arbeit ist nicht heilsvermittelnd und nicht heilsnotwendig. Heil und Hilfe von Gott sind erbetenes Heil und erbetene Hilfe. Gott kann mich heil machen und mir helfen so, wie die Menschen der Bibel dies erfahren haben. In Jesus Christus ist unser Leben bereits heil. Durch ihn ist uns schon geholfen. Dies gilt es, den Arbeitsalltag über nicht aus dem Blick zu verlieren. Durch die Taufe habe ich Anteil am Heil. Das Abendmahl am Sonntag kann eine entscheidende Hilfe dabei sein, weil es mir immer wieder neu dieses Heil so zueignet, dass ich die Arbeitswoche ohne Schaden an Leib und Seele überstehe.

Herr Gott, himmlischer Vater,

ich danke dir für das Heil,

das du uns in Jesus Christus

bereitest hast.

Ich bitte dich:

Hilf mir, aus dieser Gewissheit

mein Arbeitsleben zu gestalten.

Ich rühme und preise dich

als unseren barmherzigen

und gnädigen Gott.

Amen

48
Vertrauen

Werft euer Vertrauen nicht weg, welches eine große
Belohnung hat. – Hebr 10,35

Vertrauen bildet eine unverzichtbare Voraussetzung
für eine gelingende Zusammenarbeit. Vertrauen wird
dringend gebraucht. Vertrauen steht aber nicht so
ohne Weiteres zur Verfügung. Keine Dienststellenlei-
tung kann Vertrauen anordnen, denn eine solche An-
ordnung wäre wirkungslos oder sogar kontraproduktiv. Vertrauen in andere Menschen wächst langsam
durch gute Erfahrungen mit gelungener Zusammenarbeit. Vertrauen geht aber bekanntlich auch schnell
wieder verloren.

Nach einem langen Arbeitsleben erinnere ich mich an
verschiedene berufliche Neuanfänge: Wie lange hat es
doch gedauert, immer wieder mit Mitarbeitenden und
Kollegen ein Vertrauensverhältnis aufzubauen. Besonders schwer war es nach meiner Erinnerung stets,
gegenüber Dienstvorgesetzten Vertrauen zu haben,
die einem im Arbeitsleben nicht nur als Menschen
unter Menschen gegenübertreten, sondern eben auch
noch anderen Interessen dienen.

Eine wichtige Voraussetzung erfolgreichen Arbeitens bildet vor allem auch das Selbstvertrauen. Wenn ich an meine eigenen beruflichen Anfänge zurückdenke,

dann wundere ich mich über mich selbst, was ich mir als Berufsanfänger mit wenig Erfahrung alles zugetraut habe. Heute bin ich mir selbst gegenüber viel misstrauischer, ob ich wirklich allen Anforderungen so vollumfänglich entspreche.

Gerne lasse ich mir da die apostolische Ermahnung gefallen, dass ich das Vertrauen, das ich habe und das ohnehin begrenzt ist, keinesfalls wegwerfen darf, denn es wird weiterhin dringend gebraucht. Auf meinem Schreibtisch liegt noch immer viel zu viel Papier, das ich größtenteils unbedenklich wegwerfen dürfte. Das unsichtbare Band des Vertrauens zu den Menschen meines Arbeitsumfelds hingegen darf ich aber nicht zerreißen. Davon bitte nichts wegwerfen – es wird täglich gebraucht.

Glauben heißt doch im Kern vertrauen. Meine Taufe empfinde ich als Vertrauensvorschuss Gottes. Gott machte sich mir in der Taufe vertraut und zieht mich durch seine liebende Zuwendung ins Vertrauen. Jeden Tag und in jeder Situation ringe ich neu um Gottvertrauen: Kann ich mich darauf verlassen, dass er an jedem Arbeitstag segnend seine Hand über mir hält? Kann ich mich ihm anvertrauen in meinen alltäglichen Sorgen um meine beruflichen Belange? Wird mir sein Heiliger Geist die richtigen Worte eingeben, dann, wenn sie von mir gefordert sind? Wie überwinde ich mein angeborenes Misstrauen gegen alles und jeden?

Möglicherweise stelle ich erst einmal diese komplexen Fragen etwas zurück. Stattdessen werfe ich sicherheitshalber einfach die Vertrauensrestbestände nicht weg, da mache ich schon nichts falsch. Die Belohnung, von der der Hebräerbrief spricht, möchte ich mir keinesfalls entgehen lassen. Beim Einkaufen nehme ich sehr gerne die Treuepunkte in Anspruch, weil eine Belohnung winkt. Nun kann ich mir die Belohnung nach biblischem Verständnis gerade nicht verdienen, sondern ich muss sie mir schenken lassen, obwohl ich ein Leben lang eingeübt habe, dass es besonders im Arbeitsleben gar nichts geschenkt gibt. Die schönste Belohnung für ein Glaubensleben wäre doch ein Leben im wechselseitigen umfassenden Vertrauen mit Gott. Dieser Belohnung werde ich in diesem Leben nur teilweise und unvollständig teilhaftig werden. Das Belohnungssystem Gottes reicht schließlich weit über diese Weltzeit hinaus. Was für eine Herausforderung für mein Gottvertrauen! Täglich besinne ich mich neu auf Gottes Wort, weil so mein schwaches Selbstvertrauen zu einem begründeten Vertrauen transformiert wird.

Gott Vater, Sohn und Heiliger Geist,

ich danke dir, dass ich mich

dir anvertrauen darf.

Ich bitte dich: Lass mich dein Vertrauen

nicht wegwerfen,

sondern festige und erneuere es.

Ich lobe und preise dich

als den vertrauenswürdigen dreieinigen Gott.

Amen

49

Heiliger Geist

Wir aber haben nicht empfangen den Geist der Welt,
sondern den Geist aus Gott, damit wir wissen, was uns von
Gott geschenkt ist. — 1. Kor 2,12

Unsere Arbeit findet in der realen Welt sich widerstreitender Interessen sowie des Wettbewerbs um Erfolg und Ertrag statt. Deshalb sprechen wir auch gern von unserer Arbeitswirklichkeit. Diese Arbeitswirklichkeit ist eine flüchtige, sich fortlaufend verändernde Momentaufnahme, da sich die Herausforderungen und die sich ergebenden Situationen ständig ändern. Dieser Wandel wird manchmal als anregend und ein andermal als belastend empfunden. Wie auch immer: Auf der Arbeit, unabhängig von der Branchenzugehörigkeit, geht es um sogenannte Realia und Konkreta, die sich auch in Kennzahlen abbilden lassen müssen. Bei meinen Betriebsbesuchen als Pfarrer des Kirchlichen Dienstes in der Arbeitswelt begegnete ich über die Jahre vielen unterschiedlichen Menschen an ihren Arbeitsplätzen. In den Betrieben und Einrichtungen konnte man immer einen bestimmten Geist spüren, der das Miteinander prägte: Umtriebigkeit, Hektik, Dienstbeflissenheit, Ruhe, Druck, Überforderung, Kollegialität, Erfinderstolz usw. Wo bin ich aber bei meinen Besuchen dem Heiligen Geist Gottes begegnet? Dass der Geist Gottes nicht so greifbar und verfügbar ist, wie unsere Arbeitsmaterialien, könnte zu der Ein-

schätzung verführen: Am Arbeitsplatz muss man ohne den Geist Gottes auskommen.

Der erste Korintherbrief bringt uns auf eine interessante Spur, die in eine andere Richtung weist. Die Dankbarkeit für die Gaben Gottes – also Zeit, Ressourcen, Mitmenschen, Gelingen usw. – sind Wirkungen von Gottes Geist. Gottes Geist ist nicht käuflich zu erwerben, sondern muss empfangen werden. Gottes Geist gibt es geschenkt oder gar nicht. Schwieriger ist die Unterscheidung des Korintherbriefs von Gottes Geist und Geist der Welt nachzuvollziehen, denn ich bin doch selbst seit Geburt ein Weltenkind. Ich bin Teil der Welt und will es auch sein. Ich verstehe den Apostel so, dass er bestimmt keinen weltlosen Glauben propagieren will. Aber er möchte seine Leser bis heute darauf aufmerksam machen, dass der Geist Gottes vom Geist der Welt zu unterscheiden ist. Der Heilige Geist ist Geist aus Gott und kann nicht aus der Welt abgeleitet werden. Insofern werde ich mich an meinem Arbeitsplatz nicht an den dort herrschenden Geist verlieren und in ihm aufgehen. Vielleicht muss ich den Heiligen Geist am Arbeitsplatz ja gar nicht suchen, weil er mich dort bereits gefunden hat. Als getaufter Christ bringe ich Gottes Geist schon in die Arbeit mit, weil ich ihn in mir trage. Gottes Geist ist seit dem ersten Pfingsten ein gemeinschaftsstiftender Geist, deshalb schau ich mich auch in meiner Einrichtung bzw. in meinem Arbeitsteam um nach den anderen, die diesen Geist auch von Gott empfangen haben. Der Geist Gottes ist kein Geist der Verunsicherung, sondern der Geist der Vergewisserung über die Gnadengaben Gottes. Er macht, dass ich Kollegen, Res-

sourcen, Herausforderungen nicht nur als Gegeben-
heiten ansehe, sondern als Gottesgaben, mit denen
ich etwas anfangen darf. Als arbeitender Mensch gehe
ich nicht in meiner Rolle als immerzu Gebender auf.
Ich gebe doch meine Zeit, meine Fähigkeiten, meinen
Eifer u.v.a.m. in den Arbeitsprozess ein – ich stelle
mich selbst zur Verfügung. Aber Gottes Geist macht
aus mir ergänzend und überbietend einen Empfan-
genden. Nicht zuletzt ist es die Gabe der Dankbarkeit
für das Geschenk des Lebens und den Auftrag zur
Weltgestaltung durch Arbeit. Komm Heiliger Geist:
Verändere und erneuere uns!

Dreieiniger Gott,

Vater, Sohn und Heiliger Geist,

wir danken dir,

dass du unter uns wirksam bist

und uns deine belebende Gegenwart schenkst.

Wir bitten dich:

Erneuere unsere Welt

und heilige uns durch und durch,

dass wir unsere Arbeitswelt

im Geist der Nächstenliebe verändern.

Wir loben und preisen deine Herrlichkeit

und Macht in Ewigkeit.

Amen

50
Weisheit

Die Furcht des Herrn ist der Weisheit Anfang. – Sir 1,14

Vernünftige Entscheidungen sind im Wirtschaftsleben gefragt. Darunter wird im Allgemeinen eine ausgewogene Kosten-Nutzen-Relation bei allen Maßnahmen verstanden. Aber sind unter dieser Perspektive zustande gekommene Entscheidungen zwangsläufig klug? Sind ethische, politische und ökologische Gesichtspunkte im Sinne der Nachhaltigkeit dabei bereits hinreichend berücksichtigt? Vernünftig ist jedenfalls nicht ohne Weiteres klug und noch lange nicht weise. Weise Entscheidungen wären fraglos an vielen Wendepunkten des beruflichen und des Privatlebens hilfreich, sowohl auf der Leitungsetage als auch auf der Ebene der Mitarbeitenden. Aber: Was ist Weisheit?

Die Bibel gibt an mehreren Stellen auf diese Frage eine eindeutige Antwort: „Die Furcht des Herrn ist der Weisheit Anfang." Weise sind folglich Entscheidungen, die von der Ehrfurcht vor Gott geprägt und vor ihm verantwortet sind. Wie ist das konkret vorstellbar? Weise ist es, meinen Lebens- und Wirtschaftsraum als Gottes Schöpfung wahrzunehmen, den ich leihweise nutzen darf. Weise ist es, in allem mit Gott

als dem Anfänger und Vollender allen Lebens, einschließlich meines eigenen, zu rechnen. Weise ist es,
die Gebote Gottes ernst zu nehmen. Weisheit ist eine

Gabe Gottes und keine Frage der Intelligenz. Weisheit setzt voraus, dass ich Gott den Herrn sein lasse und mich als sein Geschöpf verstehe. Dies alles ist aber erst der Weisheit Anfang. Diese elementare Verhältnisbestimmung von Schöpfer und Geschöpf bildet die Voraussetzung weiser Entscheidungen. Sie beinhaltet eine Selbstwahrnehmung in geschöpflicher Begrenzung, die man tugendethisch Demut oder umgangssprachlich Bescheidenheit nennen kann.

Wie kann ich diese Haltung der Demut und Bescheidenheit erlernen? Wie werde ich weise? Ist es nicht einfach das Gebet, das Demut und Bescheidenheit voraussetzt, das zur Weisheit führt? Gemessen am Maßstab der Gottesfurcht ist Jesus Christus der Weise schlechthin, obwohl sein irdischer Lebensweg kein Weg menschlicher Vernunft und kalkulierender Klugheit war. Weisheit in biblischem Verständnis ist keine menschliche Eigenschaft, sondern ein Gottesprädikat. Gott lässt uns als seine Geschöpfe aber je und je an seiner Weisheit teilhaben. Weise bin ich, wenn ich Gott weise sein lasse und von ihm den Geist der Weisheit in den Herausforderungen meines Lebens erbitte. Wenn ich täglich neu danach strebe, aus der Furcht des Herrn zu leben, dann komme ich beruflich hoffentlich zu weisen Entscheidungen. Denn dann bin ich mir der Begrenztheit meiner Vernunft und Klugheit bewusst. Ich erkenne an, dass ich es nicht bin, der am Anfang meines eigenen Lebens stand und ihm einst sein Ende setzt. Ich beachte, dass die Gebote Gottes Grundregeln guten und gelingenden Lebens bilden. Ich werde deshalb nicht alles tun, was möglich ist, sondern das, was meinen Nächsten hilfreich ist und wofür mit dem Segen Gottes zu rechnen ist. Die beruflichen Logiken dessen, was ich geworden bin und was ich noch werden könnte, treten zurück gegenüber der Selbstwahrnehmung meiner Geschöpflichkeit. Weise ist es doch, stärker darauf zu schauen, was Gott in diesem Leben mit mir schon Gutes gemacht hat, als darauf, was ich selbst noch aus mir machen kann. Denn, das, was ich beruflich aus mir machen kann, ist im Horizont der Ewigkeit Gottes von einer sehr vorläufigen Bedeutsamkeit. Meine Gottesfurcht bildet den Anfang der Weisheit und die Weisheit des heiligen Gottes selbst bildet ihren krönenden Abschluss.

Herr Gott, Schöpfer der Welt,

wir danken dir

für die Weisheit des biblischen Wortes,

das unserem Leben Orientierung und Halt gibt.

Wir bitten dich: Gib uns an deiner Weisheit Anteil,

dass wir in den Herausforderungen

unseres Lebens zu weisen,

lebensdienlichen Entscheidungen kommen.

Wir loben und preisen dich

als den dreieinigen Gott, den Anfänger,

Versöhner und Vollender

allen Lebens auf dieser Welt.

Amen

Anfang

Am Anfang schuf Gott Himmel und Erde. – 1. Mose 1,1

Nach 10 Tagen Dauerregen in Schottland rissen mit einem Mal die Wolken auf, die Sonne ging über dem Meer auf und ihre Strahlen glitzerten auf den Wellen. Mein Reisegefährte und ich standen am felsigen Ufer, von den Bäumen tropfte es, die Brandung gischtete und wir verspürten eine Ahnung vom ersten Schöpfungstag. Schönheit und Wildheit der Natur priesen ihren Schöpfer.

Morgen- und Abendstimmungen in der freien Natur vermögen uns mit ihrem Zauber an den ersten Schöpfungstag zu erinnern. Gott ist der Anfang von allem, was ist. Alles verdankt sich seiner Schöpfungsmacht. Er schuf die Erde, auf der wir leben und arbeiten. Er schuf aber auch den Himmel, zu dem wir aufblicken. Weil Gott der Anfang von allem ist, können auch wir Menschen des Anfangs sein. Jeder Tag im Leben und jeder Tag der Arbeit hat einen Anfang. Der Anfang ist gemacht und man weiß zunächst nicht, wie es weitergehen wird. Das ist ja gerade der Zauber des Anfangs, dass das Ende noch nicht in Sicht und der Ausgang noch nicht bekannt ist.

Gott fängt die Welt mit Arbeit an, denn Himmel und Erde mussten erst einmal geschaffen werden. Schöpfen und Schaffen können einen begeistern, weil sie aus Nichts etwas machen. Der erste Schöpfungstag ist ein Arbeitstag für Gott, der nicht stoisch über allem thront, sondern, der vielmehr Wirkursache sowie die Wirkung von allem ist. Gott ist der Schöpfer. Himmel und Erde sind seine Schöpfung.

Weil Gott den Anfang gemacht hat, brauche ich nicht der Anfang sein, der ich gar nicht sein könnte. Aber ich darf mich von der Dynamik des großen Anfangs Gottes mitreißen lassen, sodass auch ich etwas schaffe durch die Arbeit meiner Hände. Wenn Menschen ihre Arbeit gemacht haben, ihr Werkstück, ihr Bild, ihren Text, ihr Produkt oder was auch immer, in den Händen halten, dann stellt sich leicht Schöpfungsfreude ein. Dann erlebt sich das Geschöpf selbst als schöpferisch. Die Freude an der eigenen Schöpfungskraft ist der natürliche Lohn für die mit allen schöpferischen Tätigkeiten verbundenen Mühen. Gleichzeitig ist es gut zu wissen und zu respektieren, dass der eigentliche Anfang schon von einem anderen gemacht ist. Denn das Geschöpf ist nicht der Schöpfer. Aber in unserer Arbeit und in unserem Tätigsein dürfen wir an und in Gottes Schöpfung mit schöpferisch tätig sein.

Unsere täglichen Anfänge eines Arbeitstags reflektieren die Schönheit und die Wildheit des ersten Schöpfungstags. Was wird der Tag noch alles bringen? Dankbar darf ich sein, dass Gott den Anfang gemacht hat und ich zusammen mit anderen die Fortsetzung sein darf. Es ist eine Freude, in Gottes Schöpfung und mit seinen Geschöpfen zu arbeiten und tätig zu sein: dankbar für die Wunder der Schöpfung und dankbar für meine Gaben, die ich nicht aus mir selbst habe. Von der Schöpfung her betrachtet sehe ich meine Mitmenschen auf der Arbeit, den Ertrag meines Tätigseins und das Ziel meiner Bemühungen in einem anderen schöpferischen Licht. Meine Arbeit setzt voraus, dass Gott der Anfang und damit auch mein Anfang ist.

Herr Gott, Schöpfer der Welt,

wir danken dir für die Wunder,

die Schönheit und den Reichtum

deiner Schöpfung.

Wir bitten dich: Lass uns

pfleglich und respektvoll

mit unserer Umwelt umgehen,

die doch deine Schöpfung ist.

Wir loben und preisen dich

als den Anfänger und Vollender

allen Lebens.

Amen

52

Ausgang

Der Herr behüte deinen Ausgang und Eingang von nun an bis in Ewigkeit! – Ps 121,8

„Pass auf dich auf", das rufen wir einander gerne zu, wenn sich der Partner oder die Partnerin auf den Arbeitsweg macht. Wenn wir wissen, dass es wegen einer außerordentlichen beruflichen Herausforderung heute besonders darauf ankommt, ermuntern wir einander häufig mit: „Dann mach's mal gut!" Diese fürsorglichen Ermunterungen verlagern allerdings die Verantwortung für das Gelingen ganz auf den Einsatz des Einzelnen. Dahinter steht das Zutrauen: Du kannst schon bewältigen, was auf dich zukommt, wenn du dir genug Mühe gibst. Im Berufsleben tun einem freundliche Ermunterungen und aufrichtiges Zutrauen gut. Aber was ist mit beruflichen Herausforderungen, die ich mir vielleicht gar nicht selbst gesucht habe, die sich aber trotzdem stellen und mich heillos überfordern? So sehr ich mir auch Mühe gebe, so werde ich den möglicherweise sogar berechtigten Anforderungen doch nicht gerecht. Ich muss mir eingestehen, dass ich nicht kann, was man können müsste und was vielleicht andere sehr wohl bewältigen könnten. Es gehört zu den bitteren Erfahrungen eines Arbeitslebens, wenn sich solche Fragen stellen oder

wenn sie sogar von Vorgesetzten und Kollegen gestellt werden.

Der Segen, der uns im Gottesdienst zugesprochen
wird oder den wir einander als Segenswunsch zuspre-
chen, ruft das behütende und bewahrende Handeln
Gottes auf uns herab. Er bringt das Vertrauen auf den
dreieinigen Gott zum Ausdruck, dass Gott selbst auf-

passt und es gut macht, und zwar in Zeit und Ewigkeit und über alle unsere Tage auf dieser Erde hinaus. Ausgang und Eingang sind im Arbeitsleben in zahlreichen Beschäftigungsverhältnissen durch Arbeitszeitmessinstrumentarien definiert. Man stempelt sich ein und man stempelt sich aus. In der Zeit dazwischen wird zumindest größtenteils gearbeitet. In der Zeit davor und in der Zeit danach bedürfen wir sowieso des Segens Gottes, dass unser Leben gelingt. Aber auch in der Arbeitszeit zwischen Ausgang und Eingang bleiben wir auf den Segen Gottes angewiesen. Diesen Segen Gottes gilt es immer wieder neu zu erbitten – für die Bewältigung der leicht, aber besonders auch der schwer zu erledigenden Aufgaben. Der Segen Gottes umfasst Gelingen und Scheitern, denn er umfasst das ganze Leben in seiner Vorläufigkeit und in seiner Endgültigkeit.

Als Student lernte ich bei der Ferienarbeit die Schleusen mit ihren Stempeluhren erstmals kennen, durch die die Fabrikarbeiter, zu denen ich auch gehörte, das Fabrikgelände betraten und nach der Arbeit auch wieder verließen. Ausgang und Eingang sind da nicht zu übersehen oder zu verwechseln, drinnen und draußen, Anfang und Ende, beides muss unbedingt gesegnet sein. Zur Arbeit und zum Arbeitsleben gehört zwingend, dass es auch wieder einen Ausgang gibt, bevor ich mich auf den Eingang einlassen kann. Arbeit will angefangen sein, aber muss dann auch abgeschlossen werden. Und es ist ein Segen, wenn dies beides gelingt.

Ich persönlich war mein Berufsleben lang immer gern ein Mensch des Anfangs. Gerne übernahm ich mit gespannter Erwartung neue Stellen und neue Aufgaben. Gerne strebe ich bis heute am Morgen meiner Dienststelle entgegen. Der Segensverheißung entnehme ich nun aber auch die Exitstrategie Gottes. Eingang und Ausgang ist der Zweitakt des Lebens, einschließlich des Arbeitslebens. Ausgang und Eingang sind gleichermaßen notwendig. Und für beides gilt die Verheißung göttlichen Segens.

Herr Gott, himmlischer Vater,

ich danke dir, dass du

Ausgang und Eingang

unseres Lebens bist

und uns umfassend

mit deinem Segen begleitest.

Ich bitte dich um deinen Segen

in den großen und kleinen Herausforderungen

meines Berufs- und meines Privatlebens.

Ich lobe und preise dich

als den uns Menschen

fürsorglich zugewandten Gott,

Vater, Sohn und Heiliger Geist.

Amen

Nach Dienstschluss –
Dank, Bitte, Lob

Danket dem Herrn; denn er ist freundlich,
und seine Güte währet ewiglich. – Ps 106,1

Wieder ist ein Arbeitstag vorüber. Ich bin unterwegs zur nächsten U-Bahnstation, um nach Hause zu fahren. Als erschöpft würde ich mich nicht direkt bezeichnen, aber es war, wie immer, einiges los, was bewältigt sein wollte. Meine Stimme fühlt sich etwas kratzig und heiser an von den vielen Gesprächen, die ich tagsüber geführt habe. Dankbar möchte ich in Gedanken noch einmal Rückschau halten auf einen Tag meines Lebens.

Meine Dankbarkeit will ich nicht an mich selbst oder an meinen Arbeitgeber richten, sondern an Gott, den Herrn und Schöpfer dieser Welt, der mich mit physischen, psychischen und geistigen Kräften ausgestattet hat, die ich den Arbeitstag über gut brauchen konnte und die mich meine Aufgaben bewältigen ließen. Dankbar bin ich meinem Herrn und Heiland Jesus Christus, der das Werk der Versöhnung vollbrachte, für die Schwestern und Brüder, mit denen ich zusammenarbeiten darf und in denen er mir freundlich entgegenkommt. Ich hoffe inständig auf den Heiligen

Geist, dass er aus den vielen Worten, die ich im Laufe des Tages gesprochen habe, bitte, bitte etwas Lebensdienliches für meine Mitmenschen machen möge. Je mehr ich den zu Ende gehenden Tag Revue passieren lasse, umso mehr fallen mir eigene Unzulänglichkeiten und das Unvollendete meiner Anstrengungen ein. Dankbar bin ich, dass ich trotzdem als Kind Gottes seiner Güte gewiss sein darf. Diese Güte Gottes durfte

ich auch diesen Tag wieder biblischen Worten entnehmen, die ich zu meiner geistlichen Auferbauung gelesen und meditiert habe. Dankbar für Gottes endlose und zeitlose Güte werde ich auch an meine Kollegen, Vorgesetzten und Kooperationspartner in einer Haltung gütiger Annahme zurückdenken. Ich freue mich bei meinem Heimweg darauf, bald daheim zu sein und mit meiner Frau den Feierabend verbringen zu dürfen.

Bittet, so wird euch gegeben; suchet, so werdet ihr finden; klopfet an, so wird euch aufgetan. Denn wer da bittet, der empfängt; und wer da sucht, der findet; und wer da anklopft, dem wird aufgetan. – Mt 7,7f.

Was wird aus all dem werden, was ich an diesem Arbeitstag angestoßen und ins Werk gesetzt habe? Wird das Gute, das ich bewirken wollte, auch wirklich als Gutes bei meinen Mitmenschen ankommen? Wird meinen Aktivitäten Nachhaltigkeit beschieden sein? Wie werden sich die Fehler, die ich gemacht habe, und meine Versäumnisse auf mein Arbeitsfeld auswirken?

Bei solchen Fragen kann es einem schon schwindlig werden und zumindest einen Schauer den Rücken hinunterjagen. Diese Fragen möchte ich mir schon weiterhin stellen, um nicht in eine falsche Selbstsicherheit zu verfallen. Aber ich bleibe dabei nicht stehen, sondern ich bitte Gott um seinen Segen für das Werk meiner Hände. Er kann in Segen für meine Mitmenschen verwandeln, was ich möglicherweise unfertig zurücklasse. Auf dem Weg von der Arbeit nach Hause hebe ich meinen Blick zumindest noch einmal kurz zum Himmel, um Gott zu bitten, dass er die netten und die für mich schwierigen Menschen, denen ich tagsüber begegnet bin, segnen möge. Bei dem dreieinigen Gott suche ich den Sinn und das Ziel meines Arbeitens, das meine Lebenszeit verbraucht und meine Kräfte verschleißt. Nur bei ihm vermag ich Sinn und Ziel zu finden. Ihm vertraue ich an, was ich ändern möchte, aber nicht ändern konnte. Von ihm erbitte ich Gemeinschaft und Zugehörigkeit, die über alles Gemeinschaftsgefühl weit hinausgeht, das ein Team oder eine Belegschaft vermitteln können. Von ihm, dem ewigen und dreieinigen Gott, wage ich Dinge zu erbitten, um die ich Menschen nicht bitten möchte und die ich von ihnen nie empfangen könnte.

Lobe den Herrn, meine Seele, und was in mir ist, seinen heiligen Namen! Lobe den Herrn, meine Seele, und vergiss nicht, was er dir Gutes getan hat: der dir alle deine Sünde vergibt und heilet alle deine Gebrechen, der dein Leben vom Verderben erlöst, der dich krönet mit Gnade und Barmherzigkeit. — Ps 103,1–4

Eigenlob stinkt, das habe ich in meiner Kindheit gelernt, denn Eigenlob verführt zu einer beschönigenden und verklärten Selbstwahrnehmung, die einem auch selbst nicht zur Weiterentwicklung verhilft. Im Gotteslob wachse ich hingegen über mich selbst hinaus und verbinde mich mit den Gottgläubigen aller Zeiten und Konfessionen. Das Gotteslob sprengt die engen Grenzen unseres Gesichtskreises, denn es ist zwangsläufig ökumenisch. Ich habe zusammen mit vielen anderen allen Grund Gott dafür zu loben, dass ich seiner Gnade und Barmherzigkeit gewiss sein darf, trotz aller Unzulänglichkeiten, Fehler und Sünden, die mir an einem Arbeitstag unterlaufen – manchmal, aber vielleicht auch nicht immer, ohne Absicht und eigenes Dazutun.

Wenn ich Gott lobe, dessen Werke meine Werke um ein Vielfaches überstrahlen, dann erübrigt sich mein Schielen auf Lob und Anerkennung, deren Bedeutung eh nur sehr begrenzt und vorläufig sein kann. Gott loben über den Mühseligkeiten meines beruflichen Alltags tut meiner Seele gut. Gotteslob ist Balsam für unser aller Seelen. Das Lob Gottes wehrt der menschlichen Vergesslichkeit, weil es mich an all das Gute erinnert, das ich bereits empfangen durfte. Es lässt den unseligen Gedanken, was alles Großartiges noch aus mir hätte werden können, erst gar nicht aufkommen. Denn im Gotteslob werde ich gewahr, dass ich bereits erlöst bin und mich nicht durch Arbeitsleistung selbst noch mühsam erlösen muss. Gott sei Lob und Preis!

Nachwort

Arbeit lebt und profitiert von der Zusammenarbeit. Das gilt auch für Buchveröffentlichungen. Das vorliegende Buch wurde in den „stillen Tagen" des Lockdowns in der Coronakrise im Frühjahr 2020 verfasst.

Meine langjährige Sekretärin Frau Andrea Markuske hat meine mit einer gewöhnungsbedürftigen Handschrift geschriebenen Texte geduldig in den PC eingegeben. Vielen Dank dafür!

Von Anfang an hat mich mein Freund und Kollege Rektor Dr. Mathias Hartmann zu diesem Projekt ermutigt, es gefördert und dankenswerterweise ein Geleitwort beigesteuert.

Ebenfalls lange und sehr gern arbeite ich mit Wolfgang Noack zusammen. Seine Bilder eröffnen mir stets neue Hinsichten auf die Welt. Sie regen mich an und bereichern mich. Ich danke ihm, dass er sich für ein erneutes Zusammenwirken bei diesem Buchprojekt von mir gewinnen ließ.

Gemeinsam durften wir uns bei der Lektorin der edition chrismon, Frau Annegret Grimm, in guten Händen wissen.

Was ich meiner Ehefrau und Kollegin Pfarrerin Ruth Lödel verdanke, sprengt den Rahmen jedes Nachworts: Auch bei diesem Buch hat sie mich wieder einmal liebevoll kritisch begleitet und unnachsichtig Korrekturen gelesen. Ich bin ihr von Herzen dankbar!

Alle Unzulänglichkeiten dieses Buches verantworte ich aber selbst in der gewissen Hoffnung, dass der Schöpfer allen Lebens dereinst meine Bemühungen in einer Weise vollenden wird, die meine geschöpflich begrenzten Möglichkeiten ja bei Weitem übersteigt.

Nürnberg, 12. August 2020
Johannes Rehm

Dr. theol. Johannes Rehm, geboren 1957 in Ingolstadt/Donau. Nach Theologiestudium in Erlangen, Marburg, Tübingen, Neuendettelsau und Rom war Johannes Rehm Gemeindepfarrer in Erlangen. Ab 1990 war er Studierendenpfarrer in Bamberg. Seit 2006 ist er Leiter des kda Bayern. 1992 promovierte er bei Jürgen Moltmann und Hans Küng in Tübingen über den ökumenischen Abendmahlsdialog. Seine Habilitation erfolgte 2000 in Erlangen. Er lehrt als apl. Professor Praktische Theologie an der Universität Erlangen-Nürnberg. Johannes Rehm lebt in Nürnberg. www.kda-bayern.de

Wolfgang Noack, geboren 1953 in Braunschweig. Fotografenlehre, anschließendes Studium. Er arbeitet als selbstständiger Fotojournalist. Der Schwerpunkt seiner Fotografie liegt in der Dokumentar-, Reise- und Straßenfotografie. Bei zahlreichen Reisen nach Asien, Afrika und Amerika entstanden u.a. Reportagen über „Menschen und Religion", über Protestbewegungen und das Leben auf der Straße. Veröffentlichungen in Zeitschriften, Büchern und Ausstellungen sowie bei epd-Bild, VISUM-IMAGES und imageBroker. Wolfgang Noack lebt in Nürnberg.
www.wolfgangnoack.de, noack@wnoa.de